中国经济特区
研究中心政策建议集
（1996~2017）

POLICY PROPOSALS BY
CHINA CENTER FOR
SPECIAL ECONOMIC ZONE RESEARCH
（1996－2017）

主　　编　陶一桃

执行主编　雍　炜

社会科学文献出版社
SOCIAL SCIENCES ACADEMIC PRESS (CHINA)

主编简介

陶一桃，女，满族，著名经济特区问题研究专家。1989 年于上海财经大学获经济学博士学位，师从著名学者胡寄窗先生。享受国务院特殊津贴专家、国家社科基金重大项目首席专家、国家社科基金评审专家，南开大学兼职教授，广东省学位委员会学科评议组成员，深圳市国家级学术领军人才，深圳大学理论经济学学科带头人，中国经济思想史学会常务副会长，广东经济学会副会长，广东省《资本论》研究会副会长，广东省社科联委员。历任深圳大学经济学系主任、经济学院党委书记、院长等职，现任深圳大学党委副书记、纪委书记，教育部人文社科重点研究基地——中国经济特区研究中心主任，"一带一路"国际合作发展（深圳）研究院院长，深圳大学理论经济学学科带头人、经济学教授、博士生导师。

长期从事中西方经济思想与理论研究，研究领域涵盖经济史、经济思想史和制度经济学等。20 多年来致力于中国改革开放史、中国改革开放思想史、中国经济特区发展史和中外经济特区比较研究，中外自贸区、湾区比较研究，并在国内外具有相当大的学术影响力。代表性著作《中国经济特区史论》被中宣部和国家新闻出版总署列入"纪念改革开放 30 周年"重点书系（共 35 本）之一，入选国家社科基金"中华学术外译项目"，并由英国帕斯国际出版公司以英文出版发行，2011 年获广东省社会科学优秀成果一等奖。

主持编撰《中国经济特区发展报告》（蓝皮书）、《中国双创发展报告》（蓝皮书）、《中国"一带一路"与湾区经济》（蓝皮书），主编学术集刊《"一带一路"研究》。

主持完成国家社科基金重点项目"经济特区与中国道路研究",其成果《经济特区与中国道路》一书入选 2016 年法兰克福书展,由德国斯普林格海外出版发行;2017 年入选国家"两个工程"项目,由埃及斯福萨法出版社以阿拉伯文出版海外发行;2017 年列入俄罗斯科学院涅斯托尔出版社出版计划,以俄文出版海外发行。目前作为首席专家主持国家社科基金重大项目"中国经济特区发展史(1978~2018)"。

曾为越南、非洲开发银行、联合国计划开发署、俄罗斯远东、南非、卢旺达、巴布新几内亚、柬埔寨、印度、巴基斯坦、哈萨克斯坦等做特区、自贸区发展规划及咨询。

出版说明

1996 年春天，突然萌发了办一个内部的、为决策起咨询作用的小东西的想法，又受到 60 年代中华书局出版的《活页文选》的启发，在时任学校领导的支持下，办起了《建议活页》，至今已有 9 个年头。

它的宗旨一直是 24 个字，即"形式三言两语、偏重理论色彩、属于内部争鸣、性质一家之言"。

现在看来，它的特点主要有两个。

其一是鲜明的针对性。

它是针对在当时的实践中所发生的值得和能够提炼的理论问题有感而发，切中时弊，表明自己较为尖锐的批评与批判的态度。

其二是建设性的意见。

它不是为了发牢骚，不是为了讽刺，而是提出了可操作的改进性、改良性、改革性、革命性的建议。

至于它的作用，我们大体知道，它受到过广泛的赞扬，有些建议还引起过震动。虽然它也得到过重要人物的批示，但我们从来不指望决策者能够全部采纳，因为"认识世界"是一回事，而"改造世界"又是另一回事。所以，"建议"的真正质量还是应由历史来验证。只要我们的建议能对决策者有所启发，哪怕是反面的启发，能够引起他们的思索，或者成为他们可选择的方案之一，我们的目的就完全达到了，这也是我们的学术良心所在。现在看来，这一目的的确实现了。

从 2002 年起，《建议活页》成为"深圳大学中国经济特区研究中心"系列档案之一，并作为"中心"日常科研工作的一项重要内容而存在，因此，我们将坚持办下去。

这个集子保存了自创办以来的绝大部分作品，可以看出，它很有历史感。

　　以上文字，仅为说明。

苏东斌

2005 年 11 月 8 日

霜信报黄花

（按语）

悠悠十年，水天一色。由我提议创办的，由校长批准的《建议活页》已经成为一个闻名遐迩、风姿绰约的"小名人"了，真叫人由衷地体验出"事情总是人干出来的"这样一个不大又不小的道理来。

想当初，为了承担研究所评判现实焦点、仅供领导决策参考的学术责任，决定搞一个不同于"报告""咨询"的东西出来。又受到 20 世纪 60 年代初中华书局出版的那套《活页文选》的启示，我把它命名为《建议活页》。

其方针是：三言两语、理论色彩、一家之言、内部争鸣。真可谓基本路线"十年不动摇"。

它得到了时任党委书记姜忠、校长谢维信的认真培育。

十年后的今天，党委书记江谭瑜就任之初就希望我们"大胆探索"，把这一具有鲜明特色的东西"办得更好"。

章必功校长则精选语录来深情寄语："一言而可以兴邦，有诸？"

这里挑选几篇能公开发表的小东西，以示录念。

苏东斌

2006 年 9 月 10 日

霜信报黄花

（按语）

悠悠十年，水天一色。由我提议创办的，由校长批准的《建议活页》已经成为一个闻名遐迩、风姿绰约的"小名人"了，真叫人由衷地体验出"事情总是人干出来的"这样一个不大又不小的道理来。

想当初，为了承担研究所评判现实焦点、仅供领导决策参考的学术责任，决定搞一个不同于"报告""咨询"一类的东西来。又受到 20 世纪 60 年代初中华书局出版的那套《活页文选》的启示，我把它命名为《建议活页》。

其方针是：三言两语、理论色彩、一家之言、内部争鸣。真可谓基本路线"十年不动摇"。

它得到了时任党委书记姜忠、校长谢维信的认真培育。

十年后的今天，党委书记江谭瑜就任之初就希望我们"大胆探索"，把这一具有鲜明特色的东西"办得更好"。

章必功校长则精选语录来深情寄语："一言而可以兴邦，有诸？"

我们倒是没有这个能力与野心，只不过想表达一点对社会有益的声音而已。

这里挑选几篇能公开发表的小东西，以示录念。

借再版之际，又补充了最近的几篇小东西，以示留念，以示小结。

苏东斌

2007 年 3 月 6 日

霜叶红于二月花

——为《建议活页》2011年增订本小序

创办之初，我连做梦也没想到这个小东西居然走过了十五个春夏秋冬了。这也许就是人们所说的"无心插柳柳成荫"吧！

"草木有本心，何求美人折？"

创办之时，除了所声明的"三言两语、一家之言、理论色彩、内部争鸣"宗旨外，主要就是避免"媚俗"。抨击奸佞，反证真识；遭际命运，"建议"思考。

历史的教训值得警惕。司马迁在《秦始皇本纪》中说过："秦俗多忌讳之禁，忠言未卒于口，而身为戮没矣！故使天下之士，倾耳而听，重足而立，钳口而不言，是以三主失道。忠臣不敢谏，智士不敢谋，天下已乱，奸不上闻，岂不哀哉！"正是为了进一步打破禁锢，倡导自由，我们才有了动力坚持下去，这也要感谢这个时代，尤其要感谢那些亲爱的、忠实的读者们！

苏东斌

2011 年 10 月

行走在历史中的声音与思想

这部《中国经济特区研究中心政策建议集（1996～2017）》是为纪念中国改革开放 40 周年而出版的，其中的内容全部来自中国经济特区研究中心所创办的《建议活页》。

《建议活页》创办于 1996 年，其创办人是已故著名经济学家、深圳大学理论经济奠基人苏东斌先生。可以说《建议活页》的创办既源于苏东斌教授的突发奇想，又源于他的智慧与胆识。那是 1996 年春节刚过的一个下午，几个朋友茶聚闲聊，席间海阔天空，妙语连珠。苏教授突然说："应该把那些'横空出世'的思想、观点变成文字，让更多的人知道。我们可以搞个内部发行（的）东西，形式可以是三言两语的，偏重理论色彩，属于内部争鸣，一家之言。"他还兴致勃勃地说："60 年代中华书局曾出版过一本叫《活页文选》的书，我们就搞一个《建议活页》吧。"众人皆称是。于是一个人的编辑部就在谈笑之间神奇般地诞生了。

创办之初的前一两年里，苏东斌教授既是《建议活页》的编辑，又是几乎唯一的作者。即便是之后十五六年的时间里，苏东斌教授也是《建议活页》最主要的作者，甚至可以毫不夸张地说三分之二以上的建议出自苏东斌教授那从不会停止思考的大脑。苏东斌教授渊博的学识、思辨的智慧、理性的胆识、学者的良知和先天下之忧而忧的情怀都在每一篇不足千字的"小东西"（苏东斌教授对《建议活页》文章的风趣之称）中得以生动而富有感染力地展现出来。而这个只靠不定期投递这一传统方式传播的内部读物，也很快成为许多人爱不释手的日常等待与期盼。

《建议活页》创办之初，苏东斌教授就为其做出了定位：三言两语、理论色彩、一家之言、内部争鸣。时至今日，不仅《建议活页》依然延续着这个风格，而且二十二年的岁月也证明了苏东斌教授对《建议活页》的定位是正确并具有生命力的。

　　《建议活页》先后以文集的形式印刷过四次。第一次是在 2005 年，也就是《建议活页》创办的第 9 年。在当时的出版说明中，苏东斌教授不仅说明了《建议活页》的由来，而且着重强调了《建议活页》的两大特点，即鲜明的针对性与建设性。所谓针对性，即对实践中所发生的值得和能够提炼的理论问题有感而发，切中时弊，表明作者较为尖锐的批评与批判态度；所谓建设性，是说它不是为了发牢骚，不是为了讽刺而作，而是提出了可操作的改进性、改良性、改革性、革命性的建议。苏东斌教授还坦言："至于它的作用，我们大体知道。它受到过广泛的赞扬，有些建议还有所震动。虽然它也得到过重要人物的批示，但我们从来不指望决策者能够全部采纳，因为'认识世界'是一回事，而'改造世界'则又是另一回事。所以，'建议'的真正质量还是应由历史来验证。"这就是苏东斌教授的风格——率直、坦荡、睿智，同时拥有几乎天生的充满智慧的幽默感。

　　第二次是 2006 年 9 月，正好是《建议活页》创办 10 周年。苏东斌教授以他惯有的透着卓越文采和诗人浪漫的文字风格，用宋代诗人叶梦得《水调歌头·秋色渐将晚》中的诗句"霜信报黄花"为题作序。今天读来忽然悟得，苏东斌先生引叶公之诗作序既不在于"秋色渐将晚，霜信报黄花"的浪漫，也不在于"小窗低户深映，微路绕欹斜"的风景，而在于"坐看流年轻度，拚却鬓双华"之"逝者如斯"的感慨，还有那几乎与生俱来的"谁似东山老，谈笑静胡沙"之忧国忧民的学者情怀。

　　苏东斌教授的序言是这样开始的：悠悠十年，水天一色。由我提议创办的，由校长批准的《建议活页》已经成为一个闻名遐迩、风姿绰约的"小名人"了，真叫人由衷地体验出"事情总是人干出来的"这样一个不大又不小的道理来。言语之中我们不难体会到，《建议活页》十年成长、成功与日渐扩大的影响力，着实给苏东斌教授带来了由衷的欣慰与喜悦。当然熟悉、了解苏教授的人会从那些看似轻松、幽默、诙谐或略带些自嘲的字里行间，深深感觉到喜悦中的艰难和轻松中的压力。因为在现实中，那些看似"不大又不小的道理"，往往是需要不小的努力与坚持才能被证实的。

　　值得一提的是，2000 年，深圳大学特区台港澳经济研究所更名为深圳大学中国经济特区研究中心，2001 年深圳大学中国经济特区研究中心被教育部批准为教育部人文社科重点研究基地。从此《建议活页》就成为教育部人文社科重点研究基地的重要决策咨政内刊。正如苏东斌教授在序言里所说：从

2002 年起，《建议活页》就成为深圳大学中国经济特区研究中心系列档案之一，并作为"中心"日常科研工作的一项重要内容而存在。时任深圳大学校长章必功先生为《建议活页》第二次出版深情寄语："一言而可以兴邦，有诸？"

第三次是 2007 年 3 月，与第二次印刷只间隔半年，采用了增订本的形式，而且序言也基本没变，只是在第二次印刷的序言基础上加了这样一段话："借再版之际，又补充了最近的几篇小东西，以示留念，以示小结。"

苏教授增加了五篇建议，其中四篇是他自己的，篇篇犀利而又充满家国情怀。其中一篇在谈到"钱学森之问"时，苏教授引用了马克思《评普鲁士最近的书报检查令》中的一段话："你们赞美大自然令人赏心悦目的千姿百态和无穷无尽的丰富宝藏，你们并不要求玫瑰花散发出和紫罗兰一样的芳香，但你们为什么却要求世界上最丰富的东西——精神只能有一种存在形式呢？"[①] 我以为关键在于苏教授随后的一段话，那就是他十分焦虑而迫切地建言："首先能够有一个党中央所希望的引导全国高校走出数量大膨胀的新思维来，然后再着手恢复与创建能够培养真正人才的大制度问题上。"今天回想起来，这本增订本的出版是苏教授被检查出癌症刚刚结束治疗后的事。所以再读到"借再版之际，又补充了最近的几篇小东西，以示留念，以示小结"时，内心不免涌起深深的酸楚之感。

《建议活页》的第四次印刷是 2011 年 10 月，正好是其创办 15 周年之时。当时苏东斌教授已是癌症晚期，病痛的折磨和与病痛的抗争使他的身体十分虚弱。我曾劝他不要亲自去做这件事，安排别人按照他的意思去做就好。但他还是坚持一定要亲自编辑选择文章，并撰写了一篇很短却意味深远的序。当苏教授像以往一样，若无其事地把他写的序言给我看时，我首先被"霜叶红于二月花"的诗意所吸引，脱口而出"又是一个苏式的学术浪漫"。可是当我读完短短的序言，已是泪流满面了。我的心告诉我，这位无比刚毅而又具有无上尊严感的汉子，是在以他自己独特的方式与他所挚爱的学术，与他所亲手创办的承载着无数大思考的"小东西"告别，是在用自己的生命为《建议活页》画上一个完美的时代句号。

苏教授的序这样写道："创办之初，我连做梦也没想到这个小东西居然

---

① 《马克思恩格斯全集》第 1 卷，人民出版社，1995，第 111 页。

走过了十五个春夏秋冬了。这也许就是人们所说的'无心插柳柳成荫'吧！'草木有本心，何求美人折'？……正是为了进一步打破禁锢，倡导自由，我们才有了动力坚持下去。这也要感谢这个时代，尤其要感谢那些亲爱的、忠实的读者们！"2012年2月苏东斌教授为他所创办的《建议活页》奉献了最后的思考——《不能把转型的过渡形式当作改革的目标形式》。这篇建议同样语出惊人地呼吁："早日结束半计划、半市场的过渡局面，早日完成市场经济制度的真正确立。"几天之后，因病情恶化，苏东斌教授再次住进北京三〇一医院。三个月后，2012年5月20日苏教授永远地离开了我们。我们痛失了一位德高品厚的学者，天堂多了一位正直、坦荡而又富有浪漫情怀的思想家。

其实，要说感谢的应该是我们和我们的后来人。我相信每一位读过或读到《建议活页》的人，都会怀揣敬意深深感激一位学者为一所大学，为一个学术机构，为一个智库创办了如此具有历史意义的内刊，留下了那么多具有相当大理论探索价值、现实启迪意义和推动中国社会深化改革的富有批判精神的思考与思想。我认为，无论对一个国家、一个民族还是一个集体来说，记忆都是一种品德。记住那些曾经奉献过的人，记住那些曾经为我们留下精神和思想财富的人，记住那些曾经影响并帮助过我们的人，是对历史的尊重，是对良知的敬畏，更是对今天的激励。从这个意义上说，《中国经济特区研究中心政策建议集（1996～2017）》的出版，不仅仅是纪念它的创办者，也是在梳理、记载深圳大学中国经济特区研究中心成长的历程。我想这一定是它的创办者所愿意看到的。

自2012年2月苏东斌教授所写的最后一篇活页至2013年5月的一年三个月的时间，《建议活页》停刊了。这一方面因为苏教授的离开让我们在悲痛中有些措手不及，另一方面因为在失去了苏教授后在《建议活页》应该如何办下去的问题上，我们还没有整理好思绪。今天回想起来，或许这段停刊也是冥冥之中对它的创办者的一种悼念。但是我们同样深知，慰藉思想者的最好方式就是让思考与思想永远不要停顿下来。

2015年5月，《建议活页》正式复刊。我们依然遵循着创办之初的理念与形式，我们是想以这种"不变"来表达对创办者的纪念与尊重。为了保证《建议活页》的常规运作及拓展更加广阔的思想与智慧渠道，我们建立了相对稳定的作者群，并由日本横滨市立大学毕业的雍炜博士负责编辑工作。目前，《建议活页》已经成为深圳大学高水平大学建设的一项重要咨政类项目，正在规范、有序、制度化地运行着。我想这样的发展状态，是对它的创办者最好的慰藉与缅怀。

这部为纪念改革开放 40 周年而正式出版的《中国经济特区研究中心政策建议集（1996～2017）》，选择、收集了 1996 年至 2017 年的 173 篇（由于出版需要，有几篇分期刊登的文章合并成了一篇）建议文章，几乎涵盖了《建议活页》创办以来的全部建议（至今发行了 193 期，也就是 193 篇建议文章）。这些建议文章或是对中国改革开放重大理论的关切，或是对特区发展的关注，或是对发展中问题的思考，或是对改革进程的建言，抑或是对现实问题的剖析与批评。但是，学者的良知、学术的担当、智库的使命在每一则建议中都真实而富有科学性地展示出来了。可以说，这部文集是行走在历史中的声音与思想。

陶一桃

2018 年 2 月 7 日于桑泰丹华府

Echoes of the Past: Ideas and Voices

The publication of *Policy Proposals by China Center for Special Economic Zone Research* (*1996 – 2017*) commemorates the 40th anniversary of China's Reform and Opening – Up, and contains articles from *Suggestions Leaflets*, an internal journal established by the China Center for Special Economic Zone Research (CCSEZR).

Suggestions Leaflets was established in 1996 by the late economist and famed founder of Shenzhen University's Theoretical Economics Department, Professor Su Dongbin, and is a product of his innovative thinking, intelligence and courage. On an afternoon in 1996, just past Chinese New Year, and having invited a circle of friends for tea, he proposed thus: "Let us put these ideas we have been discussing onto paper and disseminate them. Let us distribute something internally, concise and focused on theory, in order to stir up debate." The project was named *Suggestions Leaflets* after Zhonghua Book's 1960s compilation, *Literary Readings*, and in such a way a one – man editing team was born.

During the first 2 years of *Suggestions Leaflets'* existence, Professor Su was its editor and virtually its only contributor: even after 15 years, he remained its principal author and it could be said without exaggeration that two – thirds of the journal's advice came from him. From his "Little Things" (the nickname he used for his articles), each no longer than a thousand characters, one can fully appreciate his knowledge, judgment, conscience and vocation, and the journal, distributed internally without schedule, quickly became a highly – read and anticipated publication.

Professor Su set out the principles of *Suggestions Leaflets* as such: concise, theoretical, and welcoming of debate. To this day the journal continues to adhere to these principles, whose 22 years of existence bear witness to their truth and vitality.

Suggestions Leaflets has seen publication 4 times in compilation form: the first was in 2005, its 9th anniversary. Professor Su prefaced it by explaining the journal's origins and emphasizing its 2 main characteristics: clarity of focus and constructiveness. "Clarity of focus" saw each article discuss theoretical problems derived from real-world issues, critically and judgmentally if necessary; while "constructiveness" saw the journal eschew rants or parodies in favor of viable advice towards improvement, innovation and reform.

In Professor Su's words, bearing his trademark frankness, magnanimity, intelligence and wit: "We all know what this journal is for, and the praise and influence it has garnered. Important figures have commented on it, but all the same, we must remember the difference between theory and practice, and never expect that all our advice be carried out by the powers – that – be. History will ultimately judge the worth of our recommendations."

The second time *Suggestions Leaflets* saw publication was in 2006, the 10th year of establishment. Tapping into his literary prowess, this time Professor Su prefaced the compilation with a line from the Song patriotic poem "The Deepening of Autumn Beauty": "Frost Heralds the Chrysanthemums". Looking back, it seems that the Professor's sentiments were not so much aligned with romanticism of the frost or the flowers, nor with the scenery expressed in "The light reflects into the window/ Illuminates the steep and winding path", but instead sympathized with the passage of time in lines such as "Sitting as the years go by/Watching my hair grow white", and with the intellectual's patriotic concern for the nation: "Who will be our sage of Dongshan/He who defeated the foe so easily?"

The introduction began thus: "It is on this fine day that we mark the passing of 10 years. *Suggestions Leaflets*, founded by me and approved by the President of Shenzhen University, has now become an influential little celebrity, proving the not-insignificant adage that "we make our own destinies" ... Professor Su was of course comforted and delighted by the journal's growth over 10 years, with those who knew him understanding that behind the lighthearted, witty words lay much hardship and pressure. Adages, ultimately, are only proven through perseverance and hard work.

One thing to note was the establishment of Shenzhen University's China Center for Special Economic Zone Research in 2000 on account of the University's strength in SEZ research, and CCSEZR's designation by the Ministry of Education in 2001 as a "Key Research Institute of Humanities and Social Science". With this rise in status, *Suggestions Leaflets* was also elevated as an "Internal Journal for Policymaking and Advising". As Professor Su noted, from 2002 onwards, the journal became a referential series within the CCSEZR, catalogued for the Center's research purposes. Then University President Zhang Bigong quoted Confucius to congratulate the journal's second publication: "Is there a single phrase that can make a country great?"

The third time *Suggestions Leaflets* saw publication was in March 2007, only 6 months after the second publication and mainly for updating purposes. The Preface itself was barely changed, save for a single sentence: "Taking advantage of re - publication, I now add on a few recent 'Little Things' as both a commemoration and a little conclusion."

Professor Su wrote 4 out of the 5 new additions in his typically - focused and patriotic manner. In an article titled "On The Question on Education Posed by Qian Xuesen", he quoted from Marx's Comments on The Latest Prussian Censorship Instruction: "You admire the delightful variety, the inexhaustible riches of nature. You do not demand that the rose should smell like the violet, but must the greatest riches of all, the spirit, exist in only one variety?"

I believe Professor Su's answer lay in the following advice he wrote, made in a spirit of utmost concern: "The Central Committee should first adopt a new way of thinking beyond merely expanding the number of universities; then we can begin thinking about building and rebuilding the system to nurture real talent."

The third publication was printed as Professor Su was diagnosed with cancer and had just finished treatment. Looking back, it is hard not to feel pained when reading his "little conclusion".

The fourth publication of *Suggestions Leaflets* was on October 2011, the 15th year of the journal, and by this time Professor Su had been greatly weakened by the trials and tribulations of his late-stage cancer and subsequent treatment. I myself pleaded with him not to take on the journal's burdens himself, and instead leave it to somebody else ⋯ but he insisted and topped it off with a short but memorable preface.

Initially, with its poetic opening: "Frosted leaves seem redder than spring flowers", I saw another example of Professor Su's romanticisms. By the end, I was in tears. For this preface, written in its unique way by such a strong and dignified man, was Professor Su's farewell to the "Little Things" he created, the final sentences of a life dedicated to the journal.

I quote Professor Su's preface below: "When I first established this Journal, not even in my wildest dreams would I have imagined this Little Thing turning 15: perhaps this is what they mean by "The carelessly – planted willow growing into shade"? "Plants possess their own worth/And need not be validated by a beauty's plucking" ⋯ our motivation comes from breaking down taboos and pursuing intellectual freedom, and for this we thank our era, and especially our dearest, faithful readers!"

In February 2012, Professor Su submitted his final article to *Suggestions Leaflets*: "Do Not Confuse the Form of Transition with the Goal of Reform", exhorting authorities to "soon end this transitory half − market, half − planned economic phase, and establish a real market economy." Several days later, Professor Su's condition worsened and he was readmitted into 301 Hospital in Beijing, passing away on 20th May 2012. We lost a dignified and admirable scholar, and Heaven gained a righteous, witty and passionate thinker.

In truth, it should be us and our descendants who should be thanking Professor Su. I believe every reader of *Suggestions Leaflets*, at present or in the future, deeply appreciates the effort one scholar made to this University, this research organization and this thinktank by establishing this internal journal of such historical merit. Within it, the journal contains countless theoretically − valuable and practically − relevant ideas, done in the spirit of criticism and with the goal of promoting the Comprehensive Deepening of Reform.

In my opinion, the ability to remember is a virtue, whether it be on a country, national or collective level. Remembrance of those who had sacrificed, those who left behind spiritual and ideational treasures, and those who had helped − not only does it respect past history and conscience, it also challenges and motivates us in the present. In this sense the publication of *Policy Proposals by China Center for Special Economic Zone Research （1996 − 2017）* represents not just a commemoration of its founder, but also a compilation and record of the growth of Shenzhen University's China Center for Special Economic Zone Research, and I believe that this is what its founder would have wanted.

From Professor Su's last article in February 2012 to May 2013, *Suggestions Leaflets* ceased publication. On one hand this was due to the shock and transitions following its editor's death, on the other we also had to determine the journal's future trajectory in the wake of all that had happened. Thinking back, perhaps the brief period of non − publication was a commemoration of its founder but, of course, we all knew that the best commemoration we could hold was one where innovation and discussion continued unabated.

As such, *Suggestions Leaflets* officially restarted publishing on May 2015. In the spirit of respect towards its founder, we continue to hold fast to the ideals behind the journal's initial publication. To ensure the journal's regular operations and to expand its scope of ideas and debate, we have established a stable contributors' group, edited by Dr. Yong Wei, an overseas returnee from Japan's Yokohama City University. At present, the Journal has become a key policy – advising item for Shenzhen University's development into a high – quality university, and I believe that its founder would be much pleased with these developments.

Policy Proposals by China Center for Special Economic Zone Research (*1996 – 2017*), published on the 40th year of China's reform and opening up, represents a compiled and curated set of more than 173 articles dating from 1996 to 2017, covering almost all articles published by *Suggestions Leaflets* (which has to this date published 193 articles). These articles may represent concern with the theory behind China's reform and opening up, with the development of Special Economic Zones, with general developmental issues, with the pace of reform, or with analysis and criticism of practical problems – but all of them display intellectual conscience, academic responsibility, and organizational vocation in a faithful and scientific manner. And in such a sense, this book carries with it the ideas, voices and echoes of the past.

Professor Tao Yitao
7th February 2018
Sangtai Danhuayuan

目 录

5

Contents

Contents

Contents

16

这两个提法欠妥当

苏东斌[*]

一 关于"二次创业"

"二次创业"的提法虽然具有"谦虚性"和"鼓动性"两大好处,但是同时又有很大的片面性,甚至容易造成某些误解。

首先,"二次创业"显然是针对着"一次创业"而提出来的,可是,"一次创业"的标准是什么?不清楚。当然,既不是"时间标准"(如十年算一次),也不是"人物标准"(如一代算一次),只能是"实力标准"(如综合实力达到什么水平)。

其次,"一次创业"的目标达到了没有?也不清楚。我们既不能说"一次创业"失败了,"二次创业"再重来;也不能说"一次创业"未创完,"二次创业"接着创。

再次,经过17年奋斗,从综合实力来看,深圳已经圆满地完成了"创业"任务,如果否认"创业"已经完成,从实践上就大大低估了深圳创业的英雄史,而从理论上也会反证邓小平改革开放思想的失败。

据此,建议把"二次创业"的提法改为"深圳特区已经由'创业阶段'进入了'发展阶段'的新时期"。

二 关于"深圳的发展由主要靠'政策上的优惠'转入主要靠'发挥自身功能优势'"

这个提法虽然洋溢着"自力更生"的敢干精神,但忽视了特区发展重要

---

* 苏东斌,时任深圳大学中国经济特区研究中心教授。

的前提条件。

一是特区就是特殊政策的产物，问题不可能是"有没有"优惠政策，而在于有"什么样"的优惠政策。

二是特区的发展应"以'作用'创'功能'，以'功能'定'政策'"。即首先确定特区应该发挥什么"特定作用"，接着就大力培育它的"特别功能"，然后再制定特别功能所需要的各项"特殊政策"，由此形成"特殊政策—特别功能—特定作用"相互促进的经济关系。

三是今天可以说深圳的发展已经由主要靠"财政政策上的优惠"转入主要靠"特殊权力政策上的作用"了。这里"权力"也是"优惠"，也是"政策"。如：如果让它发挥"示范""辐射"作用，它就必须有充分的"体制改革优先试验的权力"；如果让它发挥"带动"作用，它就必须有一个能够"先富"起来的政策和重新分配社会财富的权力；如果让它发挥对港澳回归的"衔接"作用，它就必须具有更大开放度的权力；如果让它发挥精神文明的"前列"作用，它就必须有某些政治体制改革的权力。

四是"体制"只能以"国家"为本位，对于体制转变来讲，深圳只能存在"先走几步说"而不会出现"一城胜利说"。

五是深圳发展目标在第一阶段（即财政优惠政策下）主要是"体制目标"——社会主义市场经济实验区；而在第二阶段（即特殊权力政策下）除了一般性的"体制目标"外，还有一个特殊性的"发展目标"——类似自由港状态。

在"体制目标"中第一阶段的深圳向全国提供的主要"公共品"是"生产要素的市场化"，而在第二阶段，深圳要向全国提供的主要"公共品"可能是"建立地方政府行为新秩序"。

由此可见，忽视了"政策"的作用，就等于放弃了政府（尤其是中央政府）的责任与义务了，而这一点又是极其危险的。

所以，建议把"深圳的发展由主要靠'政策上的优惠'转入主要靠发挥'自身功能优势'"的提法改为"深圳的发展由主要靠享有'优惠的财政政策'转入获得'特殊权力的政策'的新阶段"。

（1996 年 5 月）

不宜笼统地使用"深港衔接"一词

袁易明[*]

一个口号的提出不仅要考虑到它是否正确,尤其还必须注意到它是否有利。

鉴于香港1997年回归祖国的政治背景,以及深圳面对香港的特殊地理位置,近年来,大量使用"深港衔接"一词。

现在,应当重新研究这个词的适用范围,我有以下几点看法。

第一,在公路、铁路、口岸等经济基础设施实物硬件上,能够直接接上的,可以使用"衔接"一词。

第二,在涉及生产关系,尤其是上层建筑的政治、文化等虚构软件,因有"一国两制"的最终界定,所以不宜提"衔接"。

第三,有些中性问题,如运行机制、国际贸易法等,人们虽然也习惯用"国际接轨""国际惯例"来表述,但是为了规范化,应尽量使用通则术语,不用模糊语言。

第四,港人普遍心理是怕"变",如果我们一味地讲"衔接",恐怕会加剧他们害怕的心态,认为内地要"吃掉"香港。如果一切都可以"衔接",那么还有什么"香港的社会制度、生活方式不变"的中央许诺?!

第五,如果我们深圳一味地讲"衔接",那么会造成误解,以为我们要放弃社会主义制度,千方百计与资本主义一体化。

第六,由于香港经济具有高度自由化特征,虽然深圳可以多方借鉴,但终究不可能"衔接"成功。就是说,在体制上仍会有巨大差异。

据此,我建议,该用"衔接"用"衔接",该用"合作"用"合作",

---

* 袁易明,时任深圳大学特区台港澳经济研究所硕士助理研究员。

该用"联系"用"联系"，不宜笼统地统称"深港衔接"，这样既对香港有利，又对深圳有利，还对英国有利，而且也不会贬低与否定深圳在促进香港长期繁荣中所起的作用。

（1996 年 6 月）

关于政府职能转变的新思路

曹龙骐[*]

与建立社会主义市场经济体制相适应，必须建立政府行为的"新秩序"。就深圳来说，如何建立这种"新秩序"？我认为应该注意以下几点。

第一，政府职能转变是建立政府行为"新秩序"的关键。像计划局这样的综合部门应该向宏观调控部门转化，即计划工作的重点应转向研究制定发展战略、中长期规划、产业政策，搞好重大比例综合平衡和对经济形势分析预测等；而像经济发展局和贸易发展局那样的专业经济管理部门应该向自律性行业管理组织转化，即由部门管理向行业管理转化，偏重于加强行业的监督和管理，并充分发挥行业协会的中介组织作用和增强为企业服务职能等。

第二，管理模式转变应该成为政府职能转变的重点。由部门管理向行业管理转变应该成为下一步政府职能转变的重要内容。行业管理是国家进行宏观管理的一个重要组成部分，也是政府间接管理经济的一种形式。行业管理的基本框架由三个层次组成：第一层为一个高效精干的专门经济管理部门，它既是宏观调控的重要组成部分，也是行业管理的主体，是一个决策层；第二层次为一批职能各异的社会中介组织，它是"三位一体"格局中的中间层；第三层次是一群独立经营的现代企业实体。行业管理模式优于部门管理模式，就在于它为政企分开提供了前提条件、为政府部门进行宏观管理奠定了客观基础，并且综合性强，较容易产生"合力"作用。

第三，政府职能和管理模式的转变要理顺几个关系。一要理顺宏观管理与部门管理和行业管理的关系。部门管理和行业管理均只是宏观管理的一种形式，不能等同于宏观管理，两者的运用手段、运用轨迹以及由此产生的效

---

* 曹龙骐，时任深圳大学特区台港澳经济研究所兼职教授、金贸系教授、金融学博士生导师。

应是不同的。二要理顺经济管理部门和中介组织之间的关系。专业经济管理部门侧重于带有决策性的行政管理，主要职能是"规划、协调、监督"，中介组织则侧重于非决策性行业服务管理，主要职能是服务。我认为，明确双方职责，处理好两者关系，是实现由部门管理向行业管理转变的关键所在。三要理顺行业管理和资产管理的关系。两者虽有联系但既不重合又不能替代。四要理顺行业管理与经济管理部门、中介组织与企业之间的关系。行业管理是个系统工程，它涉及经济管理部门、中介组织和企业的行为，三方均具有各自不可推卸的责任，需要各自明确和相互协调。

总而言之，政府行为"新秩序"的建立，关键在于政府职能的转变，而政府职能的转变主要在于管理模式的改变。要实现上述两"变"求得"新秩序"的建立，它最终要依托经济体制和经济增长方式转变的程度。同时，政府行为"新秩序"的建立又能促进两个带有全局性的根本转变的实现。从这一意义上说，在深圳"第二次创业"中，如能依据上述思路并有所收效，这应该又是特区的一个创举。

（1996 年 6 月）

建议深入探索深圳与外地
经济合作的理论基础

苏东斌*

深圳与外地的经济合作除了具有迅速带动地区间经济发展、扩大中心城市的辐射功能、促进中国生产力布局合理化等经济、社会一般性作用外，还一定具有特殊的深层次的推动因素。

第一，两个地区所形成的社会分工、专业化生产以及由此发生的贸易往来，是源于成本差异、相对效率的区别，才使两地必然在某些产品上获得比较利益。如深圳的计算机产品和大连的服装制品，这也正是古典经济学家李嘉图的比较利益原理的典型应用。

第二，专业化的地区结构和贸易方向必然使规模经济在若干部门占统治地位，这样成本也会随着产量的增加而减少。这个"成本递减"规律不仅促使贸易的扩大与深化，而且也在总量上增加了社会产品。

第三，经济合作不仅要从劳动价值论角度来考察，而且还应看到南北的文化差异、人文偏好、环境需求等非纯利润因素。所以，即使两地产品效益绝对完全相同，也会产生大量贸易活动。这就足以使两地人在交换中得到若干"消费者剩余"。

第四，若从贸易的视线上拓展，再探求两地资本、人才、信息等资源的流动和交换，那么自然形成了相互投资、相互持股、相互融资等良好的经济态势。

第五，两地"经济合作"的潜力还要用"机会成本"来说明。存在稀缺就必然存在选择，因选择而失去的机会就构成了机会成本，尽管它不能轻易

---

* 苏东斌，时任深圳大学中国经济特区研究中心教授。

地转化为资源、商品、货币。所以在两地经济合作中，不能把理想化的市场反应结果推广到非市场的环境决策者的规则中去，在这里，地方政府是以"生产可能性边缘"作为准绳的，它不仅应向市场的欲望让步，而且更应为市场的需求开路。如因有空调和汽车，所以许多香港人一年四季西装革履，这就是所谓的"有钱人无晴雨"消费。在经济合作中，深圳完全可能采取以"增加食品和牺牲衣服"的方针来追求"生产可能性边缘"的成本。

第六，现代经济一体化趋势使机械制造业失去了经济结构中显冠的地位，服务业已经发展为有经济竞争力的决定性行业。这样，无论是"比较利益"使制造业产品居于头等重要地位的判断，还是贸易为提升一国生活水准的首要动力的命题，都失去了时代基础。于是，"创新管理技术的转移"构成了创造人类美好生活的极其重要的经济因素与实践活动。可以肯定地说，市场经济大潮冲击下的深圳，以其独特的服务技能在总体上优越于其他地区。这种"服务革命"（由"老爷"变"公仆"）所形成的效益，是无法用货币来计算的，两地的经济合作必将在服务业中产生巨大的连锁效应。

总而言之，经济合作除了双方政治上的需求之外，必然有其内在的经济因素。

（1996 年 9 月）

是"高科技产业"还是
"高科技密集型产业"？

罗清和*

时下，在讨论经济发展问题特别是产业结构定位问题时，"高科技产业"（也称高新技术产业）的概念广泛见之于各种报刊。"产业"一词来自英文"estate"和"industry"，意指财产、房地产、工业、实业、产业，它是介于社会经济宏观总体与微观个体之间，由若干个行业、部门、企业构成的生产系统，它属于经济实体范畴。而科学技术是指学问、知识、技艺、术语，它属于理论思维范畴。把科学技术与产业这两个不同范畴的概念结合在一起使用，至少容易产生以下几方面的误解。

第一，"高科技产业"给人的第一感觉是说科学技术是产业。如果这一提法成立，那么思想、伦理、专利、精神等属于理论范畴的东西是否也是产业呢？答案显然是否定的。因为产业作为经济实体部门，其根本是追求经济利益。而理论的意义却在于它的社会价值，虽然这种社会价值在一定条件下也可能直接产生经济效益，但它本身并不等同于经济效益。科学技术是生产力，它只是以间接的、潜在的形式存在，科学技术与生产力之间需要有一个转化（物化）过程，二者并不是同一种事物。"高科技产业"概念混淆了这种差别。

第二，"高科技产业"的提法如果成立，那就意味着高科技产业是一个独立于其他产业的产业。事实上，任何一种产业的发展，自始至终都离不开科学技术，换言之，科学技术伴随产业发展的始终。从工业革命的完成到现代化的发展，科学技术尤其是高科技已经成为推动人类社会发展的重要力

---

* 罗清和，时任深圳大学特区台港澳经济研究所特邀研究员。

量。而科学技术自身的发展又有赖于各个产业部门的发展。人类社会已出现的几次大的科技革命浪潮，都是在相关产业发展的基础上形成的。在人类社会的发展过程中，只存在不同产业部门的科学技术水平的差异，而不存在一个独立于各个产业之外的所谓高科技产业。

第三，"高科技产业"的概念容易使人误认为只有工业产业才有高科技的发明和应用问题。不可否认，在人类社会的文明史中，科学技术的迅猛发展是工业革命以后的事情，尤其是在工业产业内部，科技发展的速度和水平大大快于和高于其他产业部门。但并不能因此而推断出只有工业产业才需要发展高新技术，而其他产业则与科学技术无关。实际上，无论是作为第一产业的农业还是作为第三产业的服务业，都离不开科学技术的发展。

其实，从目前使用"高科技产业"这一概念的内涵来看：主要是强调产业的科技水平高，科技密集度大，产品价值含量（附加值）高。提出"高科技产业"的概念是基于以下两方面的原因：一是我国在过去相当长一段时间内，由于科技开发研究与实践（生产）脱节，技术转化率低；二是传统产业科技含量低，用"高科技产业"的提法起一种政策性导向作用。然而，技术作为一种生产手段具有层次性（高新技术、一般技术和传统技术），它需要一定的载体方能体现出来，它自身不能构成一个产业。问题的解决并不复杂，用"高科技密集型产业"替代"高科技产业"，足以消除上述误解。正如劳动密集型产业不能简化为"劳动产业"一样，技术密集型产业也不能简化为"技术产业"。

（1997 年 4 月）

请重视一下"光子产业"

李景镇*

深圳市要在21世纪继续执我国信息产业之牛耳、抢滩主导产业，要抓什么产业呢？要抓光子产业！要从光子产业的高度来部署21世纪产业发展的格局！这个"纲"抓住了，"纲举目张"，会形成产业发展的又一个浪潮，会形成一泻千里之势！

20世纪人类文明的依托产业之一，是微电子产业，所以20世纪被称为"电子世纪"；而国际科学界认为，就信息产业发展来说，21世纪是"光子世纪"，"光子时代已经到来"！

和电子产业发展的模式电学—电子学—电子技术—电子产业—微电子产业一样，光子产业正经历光学—光子学—光子技术—光子产业的发展历程。"光子技术将引进一场超过电子技术的产业革命"，"光子学已成为一根改变世界技术的杠杆，它将转动世界力量的均衡，在世界各国经济实力和国防实力的较量中占据极其重要的位置"。美国商务部断言，"谁在光子技术产业方面取得优势，谁就将在21世纪的尖端科技较量中夺魁"。鉴于这种远见卓识，在论证的基础上，美国国防部和能源部把光子学排在当前20项关键技术中的第五位，前八项依次为复合材料、计算流体力学、数据聚变、被动传感器、光子学、半导体器和微电子线路、信号处理与软件可生产性。同样，德国科学家在规划21世纪的科技发展时，把光子学排在九项关键技术中的第五位。

光子产业分为第Ⅰ类和第Ⅱ类光子产业。第Ⅰ类光子产业（以光子为主体的产业，含光电子产业）包括光通信、光显示、光存储、光子加工、半导

---

* 李景镇，时任深圳大学科技研究院院长、光电子系主任、教授。

体激光器和消费光子产业。第Ⅱ类光子产业（几乎是全光子产业）包括全光通信（含光量子通信）、光子材料、光子晶体和光子元件、光子功能集成、光电子集成回路、多维存储和光计算等产业。第Ⅰ类，远非完善，潜在市场巨大；第Ⅱ类，将使光子产业在 21 世纪前 20 年居于主导产业的地位。美国学者 Arthur E. Chiou 博士仅就光通信、光存储、光显示等第Ⅰ类光子产业的发展作了科学预测：20 世纪末总产值将达到 1800 亿美元，到 2013 年将达到 4800 亿美元。这个预测基本上不包括第Ⅱ类光子产业！面对这种大好而严峻的形势，作为产业更迭和发展大潮中的弄潮儿，深圳市怎么办，这是需要认真考虑的。

（1998 年 6 月）

广东和深圳还有一个优势

——充分发挥粤深的"借鉴优势"尽量吸收香港的"体制资源"

苏东斌[*]

显而易见，在广东和深圳举办的各种香港回归祖国一周年的庆典中，我们的目光还是集中在如何开发粤港之间经济合作的潜力，以便更大限度地促进粤深的全面发展上。

人们普遍注意到，香港平均每月有 260 万人踏过罗湖桥，来深圳营商、购物、置业、求医、探亲等，早已出现了生活服务一体化趋势。

人们也普遍注意到，香港的产业结构在调整，必定给粤深与周边地区劳动密集型的加工业的发展创造巨大机会，目前，两地政府都急于进行建桥修路等基础设施的布局。

人们尤其普遍注意到，香港特区政府提出的"发展科技，走高增值之路"的长远方案，必将使粤深利用香港的信息与金融，为高新技术的产业化进而把广州、深圳变成科技产品的产业化基地而贡献力量。

应该说这一切都是非常重要的。

但是，人们有意无意地忽视了粤深可充分利用香港的另一项重要资源——"体制资源"。

中国改革开放的总设计师邓小平生前说，香港的奇迹是"以中国人为主体的香港人自己创造的"。可以说，在香港繁荣的背后，香港人也同时形成了丰厚的体制优势资源。如果我们承认，今天也仍然坚持实践是检验真理的唯一标准的话，那么我们就必须承认，香港的市场经济体制就是造就香港走向繁荣的最稳定、最基本因素，香港的体制就是现代市场经济的圭臬。

---

* 苏东斌，时任深圳大学中国经济特区研究中心教授。

一年前，香港特区行政长官董建华曾说，香港有三大优势，即天然的地理环境、良好的制度保障和高素质的公务员群体。今天，尽管香港经济在东南亚金融危机影响下，重重地压上了1998年第一季度当地生产总值约为3008.6亿港元，与1997年同期相比实际下跌2%的近13年来首次负增长的阴影，但是，由于有强大经济实力作后盾，如外汇储备已达962亿美元，高居全球第3位。香港经济一定会荡去高楼价、高通胀、负利率和持续上升的薪金而造成的经济泡沫，顺利地度过调整期，使经济早日复苏。应该说，这一点，无论是中国，还是世界，对香港的信心都没有丝毫的动摇。

今天，中国的改革开放已经把建立"社会主义市场经济"作为体制目标，而人们谈论广东或深圳的优势时，却很少触及广东和深圳对香港的市场经济体制比起哈尔滨、呼和浩特、南昌甚至大连都具有明显的"借鉴优势"。

虽然比起内陆来，广东和深圳已经在若干方面先行了一步，但是我们仍然强烈地希望，广东和深圳能把这个"借鉴优势"充分发挥出来。我认为，这个"借鉴优势"是由三方面因素形成的：第一，面临香港的"地利"；第二，允许经济特区先试了近20年并仍可继续试验下去的"天时"；第三，与港人长期以来熟悉而密切的交往的"人和"。

正是这些"借鉴优势"，才使深圳与广东能够更好更多地吸收香港的"体制资源"。

如香港特区政府多年来采取的金融现代化的审慎监管，它在先进的金融基础设施配合下，再包括健全的金融体系、货币管理体系，为香港奠定了坚实的基础。尤其是香港银行体制稳健，注册银行资本为17%，而坏账则低于2%。

又如，在市场中的政府并非直接向企业调动和注入巨额资本，而是面对调整期的负增长，通过缓解信贷的紧缩，稳定楼价，促进旅游业，实行有史以来最大幅度的减税、实行公共就业计划，降低利率和未来5年中计划着有史以来最庞大的超过2350亿美元大规模投资的基本建设等，来努力创造企业外部良好的竞争环境。尤其是香港有一个很有效率、廉洁的政府，这个深知在市场经济条件该做什么、不该做什么的政府，已经受到全世界的青睐。

这一系列制度性因素都是现代市场经济宝贵的资源。只有更多更好地吸收香港的"体制资源"，才能大幅度地减少交易租金，大幅度地节约"制度费用"。我认为，广东和深圳要想在以往20年改革开放的基础上有一个大的发展，是绝对不能长期建立在"双轨体制"之上的，只有早日完成从计划经济向市场经济的转换，才能扫清制度上的障碍。那种企图靠以往的经济实力，主要以大规模的政府对企业的投入来实现"更上一层楼"的构想，仍是具有浓厚的计划经济色彩。因为利益关系与信息来源的矛盾与冲突今后一定将形成事实中的障碍。

毫无疑问，对于香港这类"体制资源"，无论是广东还是深圳都不能照抄照搬，一定要考虑当地的省情、市情而创造性地吸收。但是无论我们的省情、市情"特殊"到何等程度，都应尽量创造性地吸收这些人类文明。这不仅体现了我们的胸怀，更能反映出我们的智慧。

（1998 年 6 月）

要重视市内"村民"的
现代城市文明教育

吴俊忠*

深圳是一个新兴的现代化城市。伴随着农村城市化进程的加快，深圳市原有的一些自然村撤销建制，组建了股份公司，村民也就一下子变成了市民。然而，必须看到的是，名称和形式的改变比较容易，但要从带有较强的农民或渔民意识的村民，变为懂得现代城市文明、具有明确的现代城市意识的市民，则不是那么容易的事，需要有一个教育和引导的过程。例如，福田区原有一个自然村，紧靠未来的市中心，由于"村民"缺乏应有的城市消防安全意识和环保意识，现成为消防隐患的突出地带，成为脏、乱、差的部落，与未来的市中心整体布局极不和谐，与深圳建设现代化国际性城市的目标很不相称，也在一定程度上损害了深圳的形象，拖了深圳发展的后腿。鉴于上述情况，我们建议，高度重视市内"村民"的现代城市文明教育，具体可以从以下几方面入手。

一是组织由原自然村改建的股份公司负责人参加的现代城市文明学习班，请专家学者和有关领导系统讲授现代城市文明的内涵，参观城市文明建设的先进单位，提高这些带头人的现代城市意识和文明素质修养。

二是组织开展"争当现代文明市民"的大讨论活动，由各区派出精干的文化宣传和城管干部进驻有关"自然村"，帮助"村民"在讨论中了解现代城市文明，形成以讲城市文明为荣、不讲城市文明为耻的观念意识，逐步提高村民现代城市文明的素质修养。

三是传媒在一段时间内集中报道"争当现代文明市民"大讨论的内容，

---

* 吴俊忠，时任深圳大学文学院党委书记、副教授，《建议活页》特约撰稿人。

发展和宣传先进典型（集体或个人），配合面上的现代城市文明教育活动。

四是完善和强化城市管理机制，对原各自然村，同样严格坚持各项管理规范，对顶风违规、不讲文明、不惜损害深圳形象者，敢于碰硬、照章办事。教育和管理这"两手"都"硬"起来，以管促教。

我们认为，做好市内"村民"的现代城市教育工作，事关深圳的整体形象和发展目标，重视与否，成效如何，关键在领导。从深圳的发展进程来看，这项工作已十分突出，不容延缓。建议各级领导高度重视，花大力气抓好这项工作。

（1998 年 10 月）

"三级授权经营制"仅仅是体制转型期的过渡形式，而非目标模式

苏东斌[*]

目前在全国推行的，由深圳发明创造的对国有资产"三级授权经营制"虽然在名义上既确立了"出资人制度"，又解决了"经营者选择问题"，但是，我认为，它仅仅是体制转型时期国有资产的管理过渡形式，而并非目标模式。

得出这个结论的理由是：无论是"多头管理"还是"三级专司"，也无论是"授权"还是"不授权"都根本解决不了现代企业制度中所应当具备的"自主经营、自负盈亏"这两大问题。

具体有四条。

第一，"投资主体"并不是"真正所有者"，在这里，没有具体的委托主体。一个"监督机制"完全可能变成"合谋机制"，所以它不是现代企业中的规范的"委托－代理"关系。

第二，现代企业制度并不是"授权经营"，它并不应该是"两权分离"而是"所有权全面让渡"。

第三，"政企不分，统负盈亏"正是国企的特征。让所有者不管自己的企业，本身等于侵权；同时，国家作为所有者，只能得到"剩余"，更重要的是，这种"剩余"还是一个不确定的量。加上所有者无财产能力却有支配能力，只能最终国负盈亏了。

第四，由于股本的不可赎性，国有股份企业经营者具有巨大的拿社会财产、拿别人财产的内在动力，这就违反了资本雇佣劳动的基本原理。

---

[*] 苏东斌，时任深圳大学中国经济特区研究中心教授。

这四条充分说明，"三级授权经营制"中"经营公司"一级就是"老板加婆婆"的"二政府"。

为此，我们只能深化改革，不能陶醉于以往的成就。

鉴于国企进入市场的前提条件是生产要素的流动性，所以我在这里正式提出以下建议。

第一，开放经理市场。政府不能再让一个人兼董事长、总经理、党委书记了，政府也不应再管到一般董事与副总经理的头上。一句话，没有了监督职能，现代企业制度的内部治理结构就形同虚设了。

第二，开放资本市场。国有独资公司越少越好，它绝不是股份制的高级形式，可规定国家股为优先股，自然人也不可增额股份。

（上述主张的全文在《深圳特区报》（1998 年 7 月 23 日）上登出后，提交给一个国际讨论会讨论后收入中国社会科学出版社论文集。最近又在《经济研究》杂志上全文发表。如有兴趣，可查阅）

（1998 年 12 月）

在什么意义上我们才能够说"2005 年深圳将基本实现现代化"

苏东斌[*]

中央和广东省委要求深圳率先实现现代化的目标，我想这个决策，第一，是根据二十年来深圳改革与开放的现实基础做出的；第二，是根据中国社会经济与社会发展不平衡的理论与特点做出的。这个决策是重要的，也是正确的。

为了落实这项指示，我们必须同时思考以下几个问题。

第一，从现代化的深度来看，深圳不是"深圳共和国"，也不可能实现"深人治深"。深圳不仅是广东的深圳，而且更是全国的深圳。这样，在中国社会一体化进程中，在法律规范、政治体制、思想约束、组织纪律等诸因素的制约下，深圳的上述目标就可能具有了强烈的障碍性条件。比如在 2005 年前如果中国的政治体制改革没有达到邓小平理论中所明确规定的政治体制改革三项核心内容，深圳怎么有可能具有"政治现代化"的内涵呢？在这个问题上，我不怀疑深圳人的能力，却深知深圳人的权限。因为，有些问题深圳可以做主，而有些问题深圳说了根本不算。

第二，从现代化的广度来看，现代化有一个经济社会的综合目标，如经济现代化、社会现代化、执政党现代化、人的现代化……它们不仅统统是一个"过程"，更有一批可以量化的"硬性指标"。我们要在 6 年之内完成这样沉重的任务，我总感到有点力不从心，这不是我们深圳人太谦虚，而是客观上太困难！

第三，可是，我们也必须乐观地看到，现代化的核心是经济的现代化。

---

* 苏东斌，时任深圳大学中国经济特区研究中心教授。

只要在人均 GDP 33289 元的基础上再登上几个台阶，达到 6000 美元是可以的，也是能够振奋人心的，我们应当而且必须鼓励干部和群众的热情，而不是泼冷水。

所以，我建议，在文件的表述上把"2005 年基本实现现代化"的政治宣言的前提略加限制一下，变成："以主要的经济指标来衡量，深圳可以在2005 年基本实现现代化。或者说，深圳将在 2005 年基本实现经济现代化。"这样表述的好处我认为是既积极又主动。

（1999 年 9 月）

深圳自己不宜提"示范市"字样

关于要使深圳成为"建设有中国特色的社会主义和率先基本实现现代化的示范市"的提法，体现了对我们深圳的厚爱与期待，这是一个非常积极而良好的愿望。

但是，我有两点看法。

第一，"示范市"是一种客观语言，不是主体语言，是别人对自己的评价，不是自己对自己的要求。若把它当作自身努力的"目标"，就颠倒了主客观"目标"与"作用"的关系。

第二，"示范"有"样板""标准件"之嫌。因为全国各地省情、区情、市情、县情不同，所以深圳能做的，广州未必应当做，也未必做得好，深圳不能永远是"经验批发商"。总之，"模式论"的观点是不妥的。

鉴于此，我建议，为行为主动起见，深圳自己还是不提"示范市"为宜。

（2000 年 1 月）

* 苏东斌，时任深圳大学中国经济特区研究中心教授。

一个小政府，值得大体会

曹亚军[*]

我在美国就读时，曾参观过一个县政府大院。其中除了警察局、法院、税务局、城市规划局之外，不再见其他什么局、委、办。我纳闷地问一位官员："没有农业局、商业局、工业局吗？"他反问我："农业局是干什么的？"我说是计划、布置种植任务的。答曰："美国农民知道自己该种什么、怎么种，不需要别人来告诉他们。"反又被告之，我所在的那个小市的市长还是兼职的，市政府成员也都兼职，只有市政府秘书一人是专职的。市政府一年有 3 个月的时间集中处理公务，而在其他的日子里，日常事务则由市政府秘书处理。这大概是"小政府"的一个经典范例了。

所以，我想，既然我们已经走上了市场经济的现代化之路，又希望走得快一些，那么是否应当在行政结构改革上多下一点功夫？！这显然是邓小平曾经有过的热切期待。

我的这个建议就是在不断学习邓小平理论时联想到考察美国的印象而产生的，不知是否值得提出，如果不妥，愿意收回。

（2000 年 1 月）

---

[*] 曹亚军，时任深圳大学英语教学部主任、教授。

发展高新技术产业，请充分认识：激光是光子产业的核心技术

李景镇[*]

20世纪60年代激光的问世，堪称20世纪物理学的重大进展之一，是光学与光子学领域具有革命意义的重大突破。由于激光在波长、方向性、时间范围所能达到的极限程度，对于光的本质、光与物质的相互作用都具有划时代的认识，从根本上推动了现代科学技术和产业的发展。

激光为光通信、光计算、光存储创造了美好的未来，没有激光、没有激光技术的发展，这些技术的发展将是一句空话：20世纪的标志性突破可能是全光通信、量子通信和光子计算机，21世纪的信息技术将达到3T目标（通信干道的传输容量达到Tb/s，信息量的存储能力达到Tb/cm^2，单元处理信息的速度达到Tb/s）。激光焊接、激光加工、激光热处理和激光成型，提高了产品的精度、耐用度和生产效率，不仅如此，还解决了以往难以加工和不能加工的难题。激光在医疗上的应用方兴未艾，激光手术、激光监护、激光美容、激光植发、激光搭桥和激光治疗某些顽症甚至"不治之症"都得到了飞速进展，简化了医疗手续，节省了时间和费用。激光辐照基因工程和蛋白质大分子重组正为生物学发展和农业增产描绘美好的远景。

激光技术几乎渗透科研、军事、医疗、农业、工业、环保等各个领域，应用日益广泛，激光在信息领域的应用尤为突出，激光正培植和孕育着新的学科、新的产业……在进入21世纪——光子世纪的关键时期，大力发展激光产业和以激光技术、光纤技术为基础的光子产业，是执21世纪高新产业之牛耳的关键。

（2000年3月）

---

* 李景镇，时任深圳大学科技研究院院长、教授。

经济特区的创办不应忘记另外两个人

苏东斌[*]

近日查史料发现：早在 1979 年中央决定成立深圳经济特区之前，甚至早在 1978 年 12 月中央召开十一届三中全会之前，除了我们所熟知的谷牧、吴南生等人外，还有另外两个人也正式向中央提出过这类建议。

一位是香港的查济民先生。

他在 1978 年建议："可以在国家领土上划出一个区、最好是在与香港一河之隔的深圳，在中央政府的管辖下，鼓励港澳同胞海外华侨，回国投资定居。"

另一位是荣毅仁（包括他的侄子荣智鑫）先生。

当时负责侨务工作的廖承志给中央写了一个报告，报告中说："这是荣毅仁提出的在广东宝安、深圳一带设立投资区的意见，我觉得可以研究，但没有把握。请先念秋里，耿飚同志指示。"

如果说，要"富而思源"，我看，这两位是否也算一个源?!

（2000 年 6 月）

---

[*] 苏东斌，时任深圳大学中国经济特区研究中心教授。

关于特区发展的两个理论问题

苏东斌[*]

第一个问题是经济特区的贡献到底应当怎样概括。

大部分同志赞同中国经济特区对中国有两大贡献。

其一是贡献了一个敢闯、敢冒的创新精神。

其二是贡献了一个强国富民的社会主义市场经济新体制。

有的学者认为,虽然邓小平曾经概括过特区经验,明确地说过"深圳经验就是'敢闯'"。但如果科学地进一步探讨这个问题,还必须同时回答两个具体的问题。

一是敢闯的"内容"是什么?这是个"定性"问题。

二是敢闯到什么"程度"?这是个"定量"问题。

因为就特区发展来看,其本身并没有创造出什么新鲜理论,而是把一个伟大理论付之于实践,并在实践中取得光辉成就。

可以说没有这个光辉实践,就没有 1992 年邓小平南方谈话,就没有 1992 年底党的十四大对"社会主义市场经济"体制作为改革目标的确认。特区的发展是对邓小平理论的直接而有力支持:我们应注意 1984 年邓小平总结时说深圳经验证明我们关于经济特区的政策是正确的。

第二个问题是关于经济特区的"历史使命"。

第一种意见认为经济特区就是特殊政策即优惠决策的产物,它就是在全国还实行计划经济体制时,另找一块地设立市场经济。而在全国都建立了市场经济时,特区使命在实质上而不是在形式上完结了。正如陕甘宁边区在 1949 年前可叫"特区"而在 1949 年后就叫"地区"了。

---

* 苏东斌,时任深圳大学中国经济特区研究中心教授。

第二种意见认为作为"启动"市场经济体制的功能，虽已基本完成，但至今特区尚未完全建立坚固而完整的市场经济体制，不要说全国尚未建立，就是特区也尚未"建成"，所以特区至少到21世纪中叶才算结束，所以，必须具有忧患意识。

第三种意见认为除非中央给特区一种新使命，如世界发展中国家那种"贸易区""自由港"等向国际特区前进。还有特殊生命力。

第四种意见认为当政策优惠"消失"后，特区依据现实的发展状况，确定新使命，可定义为"推进中国现代化"，而且自己"率先实现"现代化。

但反驳的意见有五。第一，既然叫"特区"那么必须回答比北京、上海、广州"特"在哪里？第二，如率先实现，那么上海、北京不率先吗？北京作为首都能后进？上海作为大都会能落后吗？第三，如"推进"，那么上海、北京不起推动作用吗？第四，现在已经不能说，所有的试验都必须在特区先进行。第五，特区本来指一条特殊的"道路"而如果改为一般"目标"，那么逻辑也是混乱的。

所以结论应当是以下两点。

第一，不必再追求今后还"特"在哪里，也不必再要求中央肯定什么"特"，而是在城市的现代化建设上希望有更大发展。

第二，不是追求提前实现现代化各种具体的指标本身，正如没有必要追求北京的王府井，上海的南京路率先进入现代化一样，由于没有阻碍，也就没有特殊意义。因为中国现代化的困难不在城市，而在农村；不在东部，而在西部。所以我们应研究在新形势下，如经济全球化和信息化浪潮中，如何去调整结构、如何去创新体制，以便提高国际竞争力和城市的现代化程度。如果是这种，即使不作为"特区"而作为"普区"，它的作用与贡献仍然会很大。对特区"创新"要求也丝毫不会降低！

以上意见，欢迎补充与批评。

（2000 年 9 月）

建议在《邓小平文选》第3卷重印时增补两篇重要的大文章

苏东斌[*]

苏东斌[*]

在学习邓小平理论的过程中，我发现目前公开发行的《邓小平文选》第3卷缺少两篇关于建立与发展中国经济特区的重要文章。

一是经济特区的开山之作：1979年4月邓小平在听取广东工作汇报时说："可以划出地方，叫作特区。陕甘宁叫特区时，中央没有钱，可以给政策，你们自己去搞，杀出一条'血路'来。"

二是略带有总结性的判断："深圳的发展和经验证明，我们建立经济特区的政策是正确的。"这段话应单列出来，而不是插入其他文章中。

（2000年10月）

---

* 苏东斌，时任深圳大学中国经济特区研究中心教授。

特区的发展要有一个新的目标

苏东斌[*]

二十年特区的发展是中国现代史、人类现代史上的一个奇迹。它是邓小平改革开放理论的光辉实践、杰出典型，是中央较为持续的特殊政策的特殊产物。否认了这一点，也就否认了邓小平理论的精华内容，否认了几百万深圳人的艰苦奋斗，否认了全国人民的大力支持。

但我认为，今后特区的发展需要有一个新的目标。

因为有特殊政策才叫特区，正如陕甘宁边区在 1949 年以后不可能再叫特区。一旦中央取消了一切对特区的特殊政策，特区也就失去了它应有的科学含义。

率先实现现代化的目标，就一般意义而言，已经不成问题，相信若干经济指标在 2005 年一定会实现。但从深层意义来要求，关键的因素则在于人的现代化。这里不仅要求有一个现代化的管理，更要求市民有相当高的现代化文明程度，而这一点并不是三五年可以完成的。

人们之所以一般不提在王府井率先实现北京的现代化，或者在南京路率先实现上海的现代化，是因为这一切对于中国的现代化进程来讲已无实际意义。因为中国现代化的难点，不在东部而在西部，不在城市而在农村。

这样，我认为，深圳作为一个城市的发展目标是否应考虑一下提出类似实现城市产业升级和提高国际竞争力的新鲜目标？！

为此，必须全面提高综合实力，主要包括两个方面：第一，强化依法治市（提高公务员素质）；第二，提高人的素质（主要指公民的文明素质）。

而要做到这两点，还是要靠二十年的最大的法宝与动力，即改革与开

---

* 苏东斌，时任深圳大学中国经济特区研究中心教授。

放。因为说到底，技术创新还是要以制度创新为原动力。对于深圳来讲，甚至可以提出以开放促改革。

我们应批判两个观点：一是企图以"发展"来取代"改革"，因为那会破坏可持续发展战略；二是以"中国特色"来抵制"国际惯例"，以"初级阶段"来阻碍现代化进程，因为那会把一个反"左"的先进口号变成一个落后的东西。

为此，特区更要在解放思想上有一个新高度，而解放思想就是文化启蒙，其核心仍然是民主与科学。而文化启蒙说到底就是追求人们所认同的生存方式。可见，深圳的道路仍然很艰巨、很漫长。

（2000 年 11 月）

"体制创新"的方向就是
走向国际惯例

苏东斌[*]

对于中国经济体制改革来说，创新的背景是：①处在经济体制的转型期，而不是定型期；②经济发展处在全球化时代，而不是阵营化时代；③世界各国制度建设极不平衡，而不是处于高度均衡状态。

创新的任务是：由计划经济体制向市场经济体制过渡。

创新的特点有两个。①不是追求什么"新"，而是追求市场导向，不应形成抵制市场发展的新方法。②可以而且必须符合国情、省情、市情，但必须具备市场经济体制基本要求的内容。任何一种"特色"，只能"特"在"形式"上，而不能"特"在"内容"上；只能"特"在"发展道路"上，而不能"特"在"发展目标"上。若一种创新既不适应国际惯例，又不体现大众的利益，那么，这种创新就不具有"先进性"。

创新的要求是：寻找"适应"而不是"超越"市场经济体制的规则、机制、制度，舍此就不能相互交往、不能相互交易。

创新的方向是：转型期走向国际惯例；只有在大体上完全适应了国际惯例之后，才能够而且应当发生经济体制的再创新。

创新的捷径是：对于当前中国的经济体制来讲，最快、最好的办法不是一切从头做起，而是"拿来主义"，是走向国际惯例。因为从客观上看，所谓的"国际惯例"，不仅是人类文明在当代的最高结晶，而且也是现行国际经济关系、市场经济运行所必须遵循的基本规则。虽然我们清醒地知道，在经济全球化中，世界经济是由西方发达国家占主导地位，而发展中国家受到极大的制约，因而经济全球化的巨大利益绝大部分又常常会为发达国家所占

---

[*] 苏东斌，时任深圳大学中国经济特区研究中心教授。

有。这就是说，由于起点不同，"国际惯例"更加有利于发达国家。但这是我们"不得不"接受的一个既定的前提。我们不能"反抗"、"抵制"与"拒绝"，重新走向原始的封闭。只能寻找"适应"，以求"发展"，即在"适应中求发展"，起码如中国争取加入 WTO 一样。

中国承诺在加入世界贸易组织后，所有对外贸易活动只执行已公布的法律法规及其他措施，任何没经正式公布的内部文件或规定都不能执行，这将是中国在管理经济方式上的一个重大改变。为了保证法律法规的透明度，将在指定的官方刊物上专门公布所有对外经济贸易方面的法律法规，任何世贸组织成员、企业及个人都能从该刊物上获得中国法律法规的最新情况。经济体制创新的过程也就是与国际惯例接轨的过程，接轨完成标志着当前经济体制改革任务、当前创新目标的实现。

由于世界贸易组织是当前处理国际贸易关系唯一的国际组织，所以中国加入它，将提供深化改革、扩大开放的重要制度基础。从这个意义上讲，就是"以开放促改革"。

这里的结论就是：中国经济体制方面的创新实质仍然是"改革开放"；而创新的方向就是国际惯例。所谓国际惯例说到底也就是不仅适应机器大生产、工业化生产，而且适应以自动控制为代表的现代生产力的发展。

（2001 年 1 月）

建议充分加强深圳的科技创新的"基础建设"

牛憨笨[*]

最近，深圳市政府出台了若干引进人才的新的优惠政策，但是，我以为，如果不充分加强深圳的科技创新的基础建设会产生三个问题。第一，要引进真正高层次的科技人才就十分困难；第二，即使引进来了，也根本不能发挥作用；第三，长期下去，人才，尤其是高级人才，可能再次流失。

我所说的"基础建设"，包括硬件和软件。硬件如先进实验室群、文献资源中心、工程中心群、科技信息网等；软件则是科普教育、创新意识培养，尊重人才的观念尤其是政策、制度等。

因为科技创新不仅要靠长期积累，而且还要靠灵感，它具有相当大的偶然性，失败的概率比成功的概率要大得多。所以，它一定需要一个宽松的环境，这样，政策与制度就显得尤为重要。可以说，中华人民共和国建立以来重大的科学发现与完全开创性科学成果，几乎未在中国大地上产生的基本原因，恐怕与此有相当大的关系。

我的结论是：深圳要再次腾飞，就必须支撑起科技创新能力这一最薄弱的环节，而要做到这一点，市政府必须高度重视科技创新中的"基础建设"。

（2001 年 3 月）

---

* 牛憨笨，时任中国工程院院士，深圳大学光电子学研究所所长、研究员。

建议将"率先基本实现社会主义现代化"的目标修改为"全面推进社会主义现代化的建设"

苏东斌*

按照毛泽东的说法,所谓"化"是"彻头彻尾,彻里彻外"。所以,我认为,"现代化"不是一个"既定的指标",而是一个"永远的过程",虽然我们可以以若干指标达到当代世界先进水平的过程来说明它的"数"和"质",但是,说到底,仍然是一个"过程"。

这样,关于深圳的结论必然是以下几点。

第一,如果以若干"经济指标"计算,以深圳的发展惯性与经济周期,2005年即使不做太大的努力,也可以达到。

第二,如果以"全面现代化"来要求,那么三五年是根本无法真正实现的,尤其是民主政治建设,绝不是三五年能完成的。

第三,如果说要我们争取的是"基本"实现,那么其弹性又太大。即使与美国比,在相当多的方面,深圳也完全可以立即就宣布"已经"进入现代化了。君不见,纽约也有脏、乱、差的"中国城",华盛顿的酒店也有电脑失灵……

第四,如果说我们要"率先",那么不可比因素又太多。因为北京、上海人口多,政策开放慢。在这样的前提下,我们提"率先",别人恐怕也不服气。

综上4条,我建议将"率先基本实现社会主义现代化"的目标修改为"全面推进社会主义现代化的建设"。

(2001年4月)

---

* 苏东斌,时任深圳大学中国经济特区研究中心教授。

请高度关注吸引人才的弱化趋势

谢维信[*]

在深圳经济特区 20 年的发展史上，来自全国各地的人才起着相当重要的作用，经济特区也的确为这些人才提供了良好的施展才华的环境。

但在新的历史时期，全国各地，尤其是大城市都纷纷制定新的吸引人才和留住人才的特殊政策，为人才提供更加优厚的经济待遇和工作、居住环境，而深圳在这方面却出现了弱化的趋势。

2000 年的一项调查表明，国内研究生毕业就业的优先选择顺序为：上海、北京、广州、深圳。深圳已由以往第一选择的位置跌落为第四位，在深圳发展高新科技急需的理工类人才方面尤为明显，已有不少企业反映难招收到理工类的名牌大学的硕士和博士毕业生，深圳大学更是这样，如电子信息类专业学生较少。

在中国即将加入 WTO，走向经济全球化的大趋势下，市委、市政府将带领全市人民实施宏伟的"十五"计划，为了实现"率先基本实现社会主义现代化"的伟大目标，我们应充分认识到：科技的背后是人才，人才的背后是制度、是体制、是政策。市委、市政府尊重人才的愿望必须靠落实了的政策来实现。

据说美国哈佛大学 70% 左右的经费不是用在设备上，而是用在聘任人才与工资上。

为此，我建议：市委、市政府组织力量调研深圳的人才现状，并迅速制定扭转弱化趋势的十分具体的新鲜政策。

（2001 年 4 月）

---

* 谢维信，时任深圳大学校长，信号和信息处理学科教授、博士生导师，国家级有突出贡献专家。

对流行的两个评价中国社会科学
不正确标准的批评

苏东斌*

对于中国社会科学的评价标准，有两个流行的不正确东西，十分有害。我以为，应在批评之列。

第一，"你的这一科研成果产生多少经济效益和社会效益？"

虽然我们也不能一般地要求所有的自然科学学术成果都应迅速转化为直接生产力，但是，还是可以提倡："高技术产业化""科研成果转化为现实的生产力"这样一些口号，尤其是对于先进技术与工艺。

而对于社会科学，尤其是社会科学中的基础科学研究，就决不能一般地追求它的经济效益与社会效益，即使是应用性对策"被应用"了，也很难计算出它的效益来。

试想，从"马寅初的新人口论"到"孙治方的价值论"再到"邓小平理论"，谁能算出多少效益来？应该强调，关于"是否直接产生经济效益"，这正是自然科学（主要指技术）与社会科学的重大区别。因为社会科学的效益（无论是正负效益）都是长期的、隐形的、无限的。

第二，"你的科研成果是否被决策层采纳？"

这里有一个检验真理的唯一标准到底还是不是客观实践的问题。

即使是一个好的建议、好的思想、好的理论、好的主意、好的方案、好的对策，仍然可能"不被"决策层采纳。

其一，可能是因为"建议"本身缺少可操作性，使决策者无从下手。

其二，可能"建议"客观上触犯了决策者的利益，使决策者不愿采纳。

---

* 苏东斌，时任深圳大学中国经济特区研究中心教授。

其三，可能因为决策者自身的认识水平差，"建议"被拒绝。

所以，我认为，对于社会科学的某种"服务"功能，不能以实用主义眼光去对待。

（2001 年 5 月）

一个"大理论"

苏东斌[*]

近期，中央在报道与宣传中，已经把江泽民总书记在2000年春天提出的"三个代表"思想与十五大被列为党的指导思想之一的"邓小平理论"并列在一起，即"认真学习邓小平理论和按照江泽民同志'三个代表'重要思想的要求……"显然，这是一个值得特别注意的宣传现象。

为理解、为掌握、为学习这一提法，我发表个人的几点体会。

第一，"三个代表"思想的理论背景在于：其一，面对21世纪经济全球化的时代趋势；其二，针对苏东剧变与党内反腐败现象的经验。

第二，"三个代表"思想的理论精髓在于：它揭示了中国共产党的"性质"并不仅仅取决于它的原始阶级性，而主要在于它的时代先进性。

第三，"三个代表"思想的理论意义：其一，奠定了中国共产党作为执政党的合法性基础；其二，概括了执政党的现代化的基本内涵。

第四，"三个代表"思想的实践作用在于：教育与号召各级党组织和全体党员，如果说"三个代表"的关键在于"能否代表"的话，那么"能否代表"的关键就不在于有无纲领上的体现，有无主观上的要求，有无历史上的印证，而在于现实中从法制到法治中真正实现了这一庄严的承诺。

总之，"三个代表"不是一个小提法、小要求、小理论，而是一个大提法、大要求、大理论。关于中央这一"并列"提法的根据，我看，还远远没有挖掘出来。

（2001年6月）

---

[*] 苏东斌，时任深圳大学中国经济特区研究中心教授。

尽快从"学历社会"
向"资格社会"转型

俞仲文[*]

要改变广东"经济大省、教育小省"的被动而落后局面，早日实现"教育现代化"的目标，仅仅以 2005 年高教生入学率达到 15% ~ 16% 的指标来衡量是相当偏颇的。

广东应尽快实现从"学历社会"向"资格社会"的转型。

因为如果仅仅高度认同学历的价值取向，那么全社会便存在一系列弊端。

其一，用人单位"唯学历主义"，出现了"学历高消费"现象，导致人才积压、结构失衡。

其二，育人单位盲目攀比，必然以高学历培养的数量作为自身实力强弱的重要标志，而对于经济、社会紧迫需要的人才的适应度不感兴趣。

其三，由于社会出现了学历认同的倾向，所以基础教育，尤其是职业教育严重失衡与扭曲。

东风汽车公司的老总对我说，中国不缺乏汽车的先进设计，而缺乏汽车的先进技工，这是国产汽车落后的重要原因。

日本政府最近将 99 所国立大学中的 33 所关闭，并命令将各种行业的资格证书引入高校的教育体系，并且同时使一大批专门学院升格为职业大学。这一新动向值得深思。

为此，我建议，由省政府出面组织制定各行业的从业标准或技术等级标准；制定获得各种职业资格证书后的待遇等政策；将职业资格证书的考核与

---

* 俞仲文，时任深圳职业技术学院院长、党委书记、教授，广东省政府高教咨询小组成员。

认定引入高等院校之中。这些当然也是实现教育现代化的重要举措。

我的结论是：由"学历社会"向"资格社会"转型，不仅是一场重要的观念创新，更是一场伟大的教育革命。

（2001 年 9 月）

制度决定作风　制度创造作风

苏东斌[*]

党的十五届六中全会通过的《中共中央关于加强和改进党的作风建设的决定》显出了极端强烈的现实针对性。

围绕着"八个坚持、八个反对"所提出的克服不良作风的明确要求与具体部署，又具有极端的艰巨性。可以说，这既是一个"大问题"，又是一场"硬仗"。

第一，作为执政党的作风问题，属于"以德治国"领域，它主要要求行为主体具有良好的道德品质、个人修养和文化素质。但这一方略必须建立在民主政治的"以法治国"基础之上。应该说，有什么样的制度就有什么样的作风。如在政治领域领导干部的组织工作中，如果仅有"任命制"，没有"选举制""公示制"，那么要想从根本上扭转溜须拍马的作风、照抄照搬的作风、形式主义的作风、唯上是从的作风，就太难了。同样，在经济领域，如果党政机关掌握着巨大资源已不是市场作为主要的资源配置方式，那么，从根本上扭转以权谋私作风、享乐主义作风，就太难了。

就"作风"抓"作风"，可以使极少数极先进的分子在特殊情况下有好的作风，不会使广大党员在日常生活中一贯有好的作风，这也就是为什么党风问题一直未有得到根本解决的原因所在。

第二，把纲领、路线落到实处的中间环节就是各项具体的制度。如仅有坚持解放思想、实事求是任务，而没有如何去解放思想的保证制度；仅有坚持民主集中制原则的任务，而没有分权与监督的具体制度；仅有反对享乐主义的任务，而没有发生享乐主义如何禁止的制度；仅有反对用人上的不正之

---

* 苏东斌，时任深圳大学中国经济特区研究中心教授。

风任务，而没有如果用人上发生了不正之风如何处置的制度：一句话，一旦失去与削弱了这一中间环节，良好的作风就难以在全党认真地贯彻下去。如作为"八个坚持、八个反对"的任务来说，仍比较抽象，而作为制度来讲，应必须是十分具体可以完成，能够检验的。一般来说，中国并不缺乏纲领、总路线，缺乏的是制度与政策这一中间环节。

第三，改进作风的关键是领导干部尤其是"一把手"的以身作则。如果所有要求"我们"做到的事情其实并不包括他"自己"，即"我们要……"实际上是"你们要……"，那么就失去了号召力。可以说，成克杰、胡长清之流是很难带出好作风来的。

总之，中央提出的解决作风问题一靠教育，二靠制度，是非常正确与及时的。

（2001 年 10 月）

深圳的发展方向

——从"中国"经济特区走向"世界"经济特区

苏东斌[*]

特区只能是特殊政策的产物。在 1981 年中央的 "10 条政策性意见"中曾明确规定：它的 "特"在于实行国家规定的特殊经济政策和特殊经济管理体制。

当时的特殊政策就是针对在中国普遍实行的 "计划经济"制度、政策、体制而言的。

中央办特区的作用与意义也完全在于进行市场经济体制的试验，从而对全国起 "示范"作用。而当 1992 年党的十四大把建立社会主义市场经济体制确定为中国经济体制改革的目标以后，这个作用与意义在 "理论上"便终结了。也可以说，当全国市场经济体制基本建立时，在 "实践上"，特区也就完成了它的历史使命。

在特区完成了这个使命之后，所有特区又都在进行全面的现代化的城市与省份的建设。

如果中央仍然实行坚持特区将 "贯穿于中国改革开放与现代化建设的全过程"的决策，那么 "特区"必须另有使命与另有政策。它的作用就不是为了 "示范"而是为了 "特殊需要"。

这个 "特殊"的经济政策就不再是 20 年前针对内地计划经济体制、政策而言的，而应该和只能是针对一般市场经济体制甚至一般发达国家的市场经济体制与政策而言的。那么，这个结论就应当是走向 "世界"经济特区，如 "自由贸易区"等。

---

* 苏东斌，时任深圳大学中国经济特区研究中心教授。

　　在中国加入 WTO 之后，深圳的发展，我以为就是需要建立一个类似香港的经济体制。为此，中央对特区中的一部分（不是所有特区）如深圳等，应实行更加开放的政策。

　　我认为，从 1980 年到 2010 年应视为特区发展的第一个阶段，即为全中国建立市场经济体制做示范。而从 2010 年到 2020 年，应视为特区发展的第二个阶段，即为建立世界性质的经济特区而奋斗，具体地说，为建立一个如香港那样的自由贸易区而奋斗。

（2001 年 11 月）

关于调整知识分子"任职"
与"去职"政策的建议

苏东斌[*]

无论是从中国改革开放大业的迫切需要出发，还是从经济全球化的巨大趋势来考量，都以"人才难得"为第一共识。

但在现实政策中，却有若干违背这一宗旨的东西。

鉴于专业技术人员（既包括自然科学界人士，也包括社会科学界人士）的特殊工作性质，他们不能等同于党政机关干部与社会公务员，所以政府对其应采取不同的政策。

由于专业技术人员工作的性质是"创新"与"技艺"而不是"执行"与"服务"，专业技术人员的身份是专业人士而不是党政干部；所以，他们的任职在于实质上的"权威"而不在于形式上的"选举"，他们的去职在于"实际水平"而不在于"生理年龄"。必须承认，学术上的积累与社会贡献绝不是一纸任命所能取代的。

其实，即使在党政机关里，"年龄"也从来不应是第一标准。如28岁的林立果就已经彻底糊涂了，而邓小平恰恰在88岁发表了震惊中外的"南方讲话"；虽然林彪24岁就当上了军团长，但从退休拉回来的鲍威尔近70岁也还可当国务卿。所以必须因人而异，具体分析，这才叫马克思主义的灵魂，才叫实事求是。

应当强调，不是任何社会变动都可以称为"改革"，只有经济市场化、政治民主化的变迁才有资格称为"改革"，才具有"进步"的意义。这里重要的"指导思想"应是客观上实行"三个有利于"标准，主观上体现"三

＊ 苏东斌，时任深圳大学中国经济特区研究中心教授。

45

个代表"要求，而"衡量尺度"应是"能力论"而不是"年龄论"。

我们不能一方面不惜重金引进人才，另一方面又把好不容易培养出来的人才闲置（据说 60 岁的名中医相当成熟，55 岁的好编辑特别合格）。所谓"不拘一格"，就是要"无条件"地去发现人才、尊重人才，用实际上的竞争机制而不是形式上的选举去激励与约束，用竞争机制而不是用年龄界限去安排他们的任职与去职。

可见，"一刀切"政策的恶果，轻则是顾此失彼，重则是得不偿失，深则是非文化行为。对于这种简单化的工作方法，也可视为当年毛泽东批评的形而上学猖獗。

所以建议：决策部门依据政治民主化与经济市场化的原则制定出一个好的政策来，以此来调动而不是扼杀人的积极性，今天的中国大环境，尤其是深圳已经有条件把这件事做好。

（2002 年 2 月）

冲破"人身依附"、确认"人才流动"

——建议市委、市政府重新制定有关政策

苏东斌[*]

为了吸引人才，必须打破常规。

据悉：南京、杭州、大连、烟台等地，对于"人才"的调入，只要能确认身份与水平（如职称证书、毕业证书、考核业务），就可以不要原单位的"人事档案"。人先来，工作一段时间后，重新建档。

应该说，这一突破常规的举措，实属无奈。相当大一批人才都是因"原单位"死守不放而无法流动。一所著名的大学校长直接告诉我说："你要的那个人，可以去你单位工作，就是不能转他的档案。"

看来，我们深圳必须在解放思想中去统一思想，一切政策都应以邓小平的"三个有利于"为客观标准，以江泽民的"三个代表"思想为客观标准，去重新研究一下，判定一番。

其实，上述这一方法已经不再具有什么"创新"意义了，因为别人已经做了，我们只需跟上步伐而已；这一方法已经不再具有"敢闯、敢冒"的精神了，因为别人已经做了，我们只需认可它是吸引人才的应有之策也就罢了。

总之，必须把"单位人"变成"社会人"；"档案论"就是"封建论"。

说到底，这个问题甚至涉及人权的一项基本内容。如在 1954 年《宪法》中明确规定公民有"迁徙和居住自由"；1998 年我国政府签署的"国际公约"中有"合法处在一国领土内的每一个人，在该领土内享有迁徙和选择居所的自由"的明确规定。

（2002 年 3 月）

---

* 苏东斌，时任深圳大学中国经济特区研究中心教授。

关于"深圳精神"的三点看法

苏东斌[*]

第一，关于"深圳精神"的内涵与外延。

作为一个城市的"精神"，必须具有两大特征。其一，它是一种稳定的历史存在；其二，它有一个鲜明的个性。前者从纵向区别了"已经发生的"和"希望发生的"（正如我"住在一个什么样的城市"和我"希望住在一个什么样的城市"完全不是一回事），后者从横向区别了"此地"与"异地"（如"深圳精神"不能等同于"广州精神"与"上海精神"）。所以，"深圳精神"不应被概括为一切美好东西的总汇。

第二，关于"深圳精神"的具体内容。

对于20年来已经存在过"深圳精神"的总结，我看，还是邓小平高明。他在10年前的"南方谈话"中就鲜明、简洁、准确地判断说："深圳的重要经验就是敢闯。没有一点'闯'的精神，没有一点'冒'的精神，没有一股气呀、劲呀，就杀不出一条好路，走不出一条新路，就干不出新的事业。"[①]

这个"敢闯"精神，对内就是敢于闯过计划经济体制这一关，走向市场经济的新体制；对外就是敢于闯过封闭经济这一关，走进世界经济的一体化。尽管在个别事情上，在一定时期内，可能闯出一点"问题"来，但总体上看，这种"敢闯"精神在客观上符合了邓小平理论中的"三个有利于"的判断标准，在主观上体现着江泽民"三个代表"思想的性质要求。显然，当时的其他地区并没能做到这一点。

在这里，可以有两个结论，其一，这个"敢闯"精神用今天的话语来讲

---

* 苏东斌，时任深圳大学中国经济特区研究中心教授。

① 《邓小平文选》第3卷，人民出版社，1993，第372页。

也就是"创新"精神。其二，今天重提"深圳精神"的宗旨要义，也就是要克服、遏止相当大一部分人的"保守主义"的思维方式、"享乐主义"的生活状态、"超内地化"的工作作风。可见，这一次，绝不是一般性的提倡，而是具有鲜明的现实针对性。

第三，关于"深圳精神"的发展。

"创新"无法垄断。北京、上海、广州也从未声明过"拒绝创新"。"创新"不能演进为"地区至上主义"。可以把深圳的城市意义发展为"创新"，不能把"创新"的精神含义统归为"深圳"。我所说的深圳不能永远做"经验批发商"，就是这个意思。所以，我非常欣赏与赞同市委关于深圳应当增强忧患意识的说法。

要想使这种"深圳精神"既不在历史上消失，也不在现实中中断，实现"可持续发展"，就绝不能靠猛力灌输与强烈说教，而是应适应市场经济的需求。显然，要能够去适应并承受外在的市场竞争与压力，必须有坚强的内在的道德做支撑。今天我们所要培育的诚信这种人文品格也就是它的一项重要内容。

（2002 年 5 月）

深圳应大力建设教育中的软环境

苏东斌*

时下，深圳正讨论加强软环境的建设。我认为，除了法治外，主要的应属教育。

无论是国家与国家相比，还是城市与城市相比，知识的差距恐怕是最根本的差距，而全民的受教育程度与高级人才的质量应是知识水平的基本标志。

这样看来有两点需要注意。

第一，决不能把深圳大学实际上办成"子弟学校"。只有尽量向全国招生，才有好的结果。

第二，不能过分寄希望于外来的"大学城"。

那些全国乃至世界名校能来深圳，不管双方的愿望多么美好，仍然达不到大幅度提高办学质量的效果。

可以断言，离开了"未名湖"，就不是"北大"。为什么哈佛大学、牛津大学没有在全世界办分校，就是因为其"精神"不可移动，它们不可能在全世界"巡回演出"。

总而言之，教育与商业毕竟不同。

（2002 年 7 月）

---

* 苏东斌，时任深圳大学中国经济特区研究中心教授。

先革命，再改革

——改革国有企业必须首先放弃建立"现代企业制度"的目标

苏东斌*

时至今日，相当权威性的说法，仍然是企图在国有企业中建立所谓的"现代企业制度"。应当说，经过近 10 年的实践，可以得出的结论是，它已走进了一个误区。

第一，国有企业再"产权明晰"，也不会明晰到"集团"或"个人"那里去，产权的所有者只能是国家。第二，无论多么彻底的"两权分离"，国有企业都不可能真正做到完全的"自主经营"，谁的孩子谁不管呢？企业，若反对，叫"越权"；政府，若不管，叫"失职"。第三，国有企业的"自负盈亏"只能是以"国家"为本位，或者叫"国负盈亏"。完全由企业来"自负盈亏"，即利润归企业，亏损由企业自己补，那么这个企业就不再具有"国有"的性质了。第四，所谓的"管理科学"本是一种浪漫性的表述，根本就不具有"科学"的含义。因为，无论是"私有企业"，还是"跨国企业"，都可能管理得很科学，也都可能管理得十分不科学。所以，必须首先放弃以往的这个"十六字"目标。

我的结论是：先调整结构，减少比重，把国有企业引导到社会公益事业上来，然后再研究如何在必须保留下来的企业中实行责任管理，从本质上讲，国有企业的老总们应相当于公务员。总之，先革命，再改革。

（2002 年 8 月）

---

* 苏东斌，时任深圳大学中国经济特区研究中心教授。

是一个小缺点

苏东斌*

在刚刚出版的，被教育部、中宣部发文件号召全国学习的《江泽民论有中国特色社会主义（专题摘编）》（由中央文献出版社于 2002 年 8 月出版）一书中，注明截稿日期为 2002 年 6 月，资料来源也注明包括著名的 "5·31" 讲话。可是在内容中恰恰没有了应该十分关注的两段，读来令人有点失望。

其一是 "发展社会主义民主政治，建设社会主义政治文明，是社会主义现代化建设的重要目标"。

其二是 "党的领导、人民当家作主和依法治国的统一性，是社会主义民主政治的重要优势"。

我以为，这两段体现了江泽民本人在理论上的新高度和新进展。

所以，我建议：如果以后还会再版请补上。

（2002 年 9 月）

---

* 苏东斌，时任深圳大学中国经济特区研究中心教授。

追求效率就是追求公平

苏东斌[*]

应该说，效率的对立面是无效率，公平的对立面是不公平，效率和公平绝对不是一对矛盾。

一个社会、一个国家、一个地区当然既要追求效率，也要追求公平。但是，说到底，追求效率就是追求公平，原因如下。第一，没有了效率，也就没有了财富的创造。在传统体制下，盲目追求所谓的结果平等，没有意识到只有蛋糕做大，才有分配的基础与条件。第二，如果追求结果平等（所以导致了普遍贫穷，显然这种状态绝不是我们追求的），那么在实际上就损害了优秀贡献者的利益，这恰恰是另一种不公平。第三，结果不平等正是人类社会发展的最终动力，利益的差别形成了动力的源泉。传统的"大锅饭"分配制是导致经济无效率的基础条件与前提。所以，没有了起点公平、机会公平，也就没有了劳动者的积极性，也就没有效率，尤其是长期的效率更需要公平支持。因为一时的特殊组合可能产生短期效率，要维持稳定的高效必须由公平支撑。

由于根本不存在"效率与公平"这对矛盾，也就根本不应存在"效率优先、兼顾公平"这一政策原则。据此，可以得出以下两个结论。其一，中国社会正处在转型阶段，个人收入差距还有拉大的趋势。其二，为了社会的稳定，政府要做的事主要有两点：一是健全社会保障制度，给真正难以生存的人以供应；二是反对腐败，使人们基本上认同高收入来源的合法性。由此可见，我们讲的公平有三个要点：第一，起点平等；第二，按贡献获酬；第三，社会给予人道主义援助。

---

* 苏东斌，时任深圳大学中国经济特区研究中心教授。

　　我认为，这个经济学和伦理学争论几十年，甚至几百年的问题，今天应当画上一个句号。应当承认，当初提出"效率优先、兼顾公平"的政策原则，比起计划经济时代的"普遍贫穷主义"原则下的"大锅饭"政策，无疑是一种巨大的社会进步，它有力地推动着改革开放大业，但在20年后的今天建议中央修改这个政策性原则。

（2002 年 12 月）

各地不必纷纷制定"时间表"

苏东斌[*]

自从中央提出了要在 21 世纪中叶全国基本实现现代化的目标之后，各地几乎都在纷纷制定现代化的"时间表"。有的提"5 年以后"、有的提"10 年以后"、有的提"20 年以后"、有的提"率先"……我认为，此事不妥，建议停止，理由如下。

其一，"现代化"并非几项经济指标，而是一个全面的东西，在政治文明、精神文明上的表现则很难用"量化指标"来说明。

其二，政治文明的水平是不能以"地区"为单位来考核的，只能以"国家"为单位。

其三，社会经济发展并不是一个直线上升的过程，它有周期、有曲折、有停滞，都属正常状态。

其四，社会经济发展更有一些根本不确定的因素，如世界风云、自然灾害等。

其五，各地发展的不平衡不仅是相对的，而且也是绝对的，所以没有必要非"赶超"。

其实，各地也并非不掌握实情，所以纷纷使用"5 年左右""基本实现"等弹性字样，而"率先"一词则更是一个模糊的说法，到底是广东比西藏"率先"，还是北京比中央规定的 2050 年"率先"？况且，到了自己所规定的那年的 12 月 31 日，根本也不会有哪位省长、市长去当地电视台宣布本地区"已经实现"了现代化。

所以，结论应当是：有什么问题就解决什么问题，踏踏实实地工作。口

---

* 苏东斌，时任深圳大学中国经济特区研究中心教授。

号可以鼓舞一些，但行动不能太浪漫。

　　否则，如果以"时间表"来衡量官员的政绩，那么不仅会形成盲目"大跃进"，也会导致弄虚作假。对于这一点，在中国现代史上人们太熟悉了。

（2003 年 2 月）

关于在深圳多办几所大学的建议

苏东斌*

显然，深圳高等教育的发展已经远远不适应中国的改革开放进程，远远不适应深圳自身的社会、经济发展的需要。

作为一个国际化的大都市，香港已有七八所大学，有的大学也仅有 10 年的历史。这应当引为经验。如果我们仅仅去扩大唯一一所综合性大学——深圳大学，唯一一所高等职业技术学院——深圳职业技术学院的招生，不仅仍然满足不了需要，而且又形成了无竞争的垄断态势。所以，建议另办几所新的大学（官办也可，民办也可，国内办也可，更可国际化）。

但我反对全国名校大办分校，因为大学不是"连锁店"，不是"马戏团"。我一直认为，离开了未名湖，就不是北京大学。并不是说来几位北大的教授、几位北大的研究生，有一所房子就可以叫"北大"。作为"北大办事处"还是可以，作为"完整的学校"则不够格，况且此例一开，中国大乱。北大、清华将占领全国几乎所有省份，那时，北大也就成了特级高等中学了。但是，可以把大学城改造为诸如当年"西南联大"的样子，可称为"深圳联合大学"，实行统一管理。更可以另办如称为"华南大学""南方大学"等，总之，可以请北大、清华的人来办（像 20 年前办深圳大学一样），但不能再叫"北大"与"清华"。

（2003 年 3 月）

* 苏东斌，时任深圳大学中国经济特区研究中心教授。

关于提案的答复的建议

——建议以承办单位的"最终报告"来取代现行的"表态式承诺"

苏东斌[*]

据深圳市政协三届四次会议报告，2002 年政协委员的提案办复率为99.7%，其中已经或者基本能解决的为 37.5%。这种现象值得深思。

若干提案几乎在第一时间都能收到承办单位的"表态式承诺"，同时也让提案人增写"是否满意"的再答复，以此形成了所谓的"办复率"。这一来一往，形式上没有任何差错，但问题本身几乎未被触动。且不说有的问题是"常提不衰"，单就某个具体提案一推下去，也会"无影无踪"。比如政府处理"违章建筑"一案，法律就显得格外苍白。我曾经自嘲：这批农民建房相当于伟大的农民起义。现在，所谓"深圳速度"只能体现在城市农民身上，他们才是"一天一层楼"，因为他们深知：政府最终对他们只能采取"让步政策"（当然这个现象对于任何一个地区的任何一级政府来说都是一个头疼的问题）。

所以，我建议，取消目前毫无实际意义的"表态式承诺"答复，以承办单位的解决结果即"最终报告"来作为对提案的清理与了结，在技术上如可规定必须在 8 个月之内回答等。这才能反对形式主义、反对官僚主义、反对"数字出官"，这才能提倡真实成果，才能检验出政府的效率。

（2003 年 3 月）

---

* 苏东斌，时任深圳大学中国经济特区研究中心教授。

坚持"实事求是"才是正确的"舆论导向"

苏东斌[*]

最近，中央决定了对于"非典"疫情及时报告和及时公布的新方针，引起了全社会的极大关注；因为一次失误，搞掉了两位"组阁"刚一个月的部长级高官，更是共和国绝无仅有的，又造成了全社会的极大震惊。

这一重大的政策调整既显示了以胡锦涛为总书记的新的党中央的政治文明的现代化状态，又说明了对于自身的自信与对于人民的他信。

其实，道理非常简单。从客观上讲，对于一切"人类公共产品"大众都有知情权，这也是基本人权的内容；从主观上讲，更加有利于社会的长治久安。

过去，官员们早已习惯于"报喜不报忧"，又在极端绝对化地理解"稳定压倒一切"的口号下，以及在所谓的"纪律"约束下，明目张胆地说假话，进而制造虚假繁荣。

西方有句谚语：最大的恐惧是对恐惧的恐惧。其实，无论是对于战争，还是对于灾荒，抑或是瘟疫，只有做到了信息共享，才可在相当大程度上稳定社会。在这里介绍三个例子。

其一，20世纪80年代上海毛蚶引起的甲肝大暴发。实际上甲肝流行更快，来得更猛。但当时政府的处理还算是相当有效的，政府动用行政力量并且充分相信公众的理解能力，充分进行了信息公布，到处宣传防范防治办法，集中发放免费的预防和治疗药品。而现在资讯和物流都比过去更顺畅了，为什么这一次北京做得反而比十几年前的上海差？起码是因为没有在第

---

* 苏东斌，时任深圳大学中国经济特区研究中心教授。

59

一时间进行信息公布，没有及时站出来以正视听，大家只好偏听偏信了。

其二，诺贝尔经济学奖获得者阿玛蒂亚·森教授通过回顾世界饥饿史，令人信服地说明了这一点。他谈到人口众多的印度，自 20 世纪 40 年代独立以来，虽有多次自然灾害却从未出现过饥馑就是最好的例证，原因就在于信息透明。

其三，当年斯大林对苏联人民隐瞒 1939～1940 年苏联发动对芬兰的冬季战争的真相，苏军以为对付一个小小的芬兰会马到成功，结果"损失了上百万的生命"才勉强获胜。德国人由此认定苏联是个"泥足巨人"，加快了制订准备入侵苏联的"巴尔巴罗萨"计划。对此，时任政治局委员的赫鲁晓夫在他的回忆录中写道："当然，我们的人民决不会知道我们遭受了一次精神上的失败，因为始终没有把真实情况告诉他们。恰恰相反，当芬兰战争结束时，我们的人民只知道，'让胜利的号角吹响吧！'……"重要信息都瞒着人民与普通官兵，人们陷入盲目乐观，以致当希特勒发动闪电袭击之时，苏联军民惊惶失措，造成巨大损失。

这说明，信息不明，加深了公民的过度和非理性的不确定心态，人们自然会手足无措，才会有社会上的恐慌，如果对面临的危险有了较为充分的心理准备，就会镇静如常。

我认为，问题的实质是国民的生命、个体的存在、公民的实际利益应当永远高于各项经济指标，永远高于各级官员的"形象"与"政绩"本身。

应当确认，"公共信息公开化"不仅是维护与保证公民的基本权利，也是行政管理的基本义务，对于我们这样一个发展中国家来说又是建设政治文明的一项重要内容。

要想克服以往知情权的缺失，管理者的短期行为，除了公民要增强维权意识、国家必须以法律形式来保护这种人权之外，新闻媒体还应发挥独立的作用。

一句话，公开公共信息，也是社会稳定、国家安全的一个大阀门。

本来，村务公开、厂务公开、校务公开、党务公开是现代化、民主化更是社会主义的本质要求。只有"实事求是"才是真正的、正确的"舆论导向"。今天，我们从新领导的新作风里看到了一种制度创新的新希望。

（2003 年 4 月）

这难道是在鼓吹"先进文化"吗?

苏东斌[*]

据报道,一个中学生晚上看电视剧,一会儿看中央一台主旋律的《孙中山》,一会儿看中央八台多样化的《康熙王朝》,其间不解地问他的爸爸:"康熙大帝那么好,为什么孙中山总要推翻他们?!"爸爸哑然。

我想,这缘由一定出自电视剧中康熙的形象:反贪官、收台湾、平叛乱、为天下粮仓……;而电视剧中孙中山的形象则是弄炸药、反政府、搞动乱、一片恐怖主义……。回首近年银屏,可以说是一片又一片的皇帝与太监。

等到《走向共和》一播,居然又冒出来了一个"人性化处理"的"理论"。于是,一切的一切都变成"事出有因";一切的一切都变得"可以理解";一切的一切都成为"迫不得已"。于是,历史也就一下子没有了正确与错误,有的仅仅是谁比谁更好一些。

若按此推论,斯大林当年的"大清洗"不也正是为了消灭内部的阶级敌人吗?而这一切良好的愿望又有什么值得批判的呢?!谁还没有一点缺点呢?这种以"目的论""动机论"来取代"过程论""手段论""结果论"的观点不知与历史唯物主义,与"实践是检验真理的唯一标准"是否针锋相对?!

试问,如果一旦实现了康熙的"真的好想再活五百年"(康熙剧歌词),那么中国人民还谈什么"民主政治"与"人民共和"?

这里的深层问题并不在于是否坚决贯彻"百花齐放"的正确方针,而在于是否应该对某种不良倾向大吹特吹。我评价,其背后的实质是:仍然迷恋封建专制。

---

* 苏东斌,时任深圳大学中国经济特区研究中心教授。

为什么至今我们仍然看不到歌颂彭德怀这类党政军"大英雄"伟大形象的作品？为什么至今我们仍然看不到歌颂鲁迅这类文化旗手伟大形象的作品？我认为，结论还是邓小平的那个非常独到深刻的见解，即还没有从肃清封建主义影响的角度去考虑制度的改革。1980年5月，邓小平说："我们的人民、我们的党受封建主义的害很重，但是一直没有把肃清封建主义的影响作为一个重要任务来对待……各种制度，都要从肃清封建主义影响的角度去考虑，逐步加以改革。"① 所以，他强调："肃清封建主义残余影响，重点是切实改革并完善党和国家的制度，从制度上保证党和国家政治生活的民主化、经济管理的民主化、整个社会生活的民主化，促进现代化建设事业的顺利发展。"② 正因为制度中封建因素尚存，所以意识里帝王心态才犹在。这也应了一句名言："一切历史都是当代史。"可以断言，民主化绝不是君主化，对于政治文明建设的艰巨性，我们绝不可低估！

既然"三个代表"已经成为党的指导思想，那么无论从"历史发生学"的观点还是从"效用功能学"的角度来考察文学艺术，都应该说明，强调民族凝聚力不是要鼓吹大汉主义，提倡复兴中华更不是要恢复帝制。总之，"多样性"不能变成"无是非"，"人性化"也不能搞成"甲变乙"，"历史剧"还是不能"改历史"，若编一个历史故事，总要看得八九不离十。

本文的政策建议是：在实行"双百"方针时，还是要增加一点文艺评论。

（2003年5月）

---

① 《邓小平思想年谱（1975～1997）》，中央文献出版社，1998，第159页。
② 《邓小平文选》第2卷，人民出版社，1994，第336页。

关于建设"文化大省"的个人意见

苏东斌[*]

显然，努力去"建设"文化大省的口号与目标是具有绝对性的积极意义的，应当予以支持。

但涉及教育，尚有若干具体问题有待澄清。

一是应尊重教育自身的发展规律，克服浮躁的"大跃进"心态：必须正视近年来高校扩招已经引起的某些灾难性的后果。

二是经济大省不会必然成为教育大省，各有各的优势。对于两个口号的一致性，至少在理论上还缺乏论证。广东并没有江浙一带的文化传统与文化条件，办教育不可能立竿见影。

三是当前重点应抓教育的质量而不是数量，关键是改革教育制度。

我判断，20多年来的改革开放并未从根本上触动中国旧教育体制的核心部分。当年（1964～1965年）毛泽东对中国教育制度的批判，今天看来，相当大一部分是对的，如"教学要改革，教育要革命"，当然，后一句话不对，即"资产阶级知识分子统治我们学校的现象再也不能继续下去了"，因为他又走向了极端。但是，其中的主要内容，如拿学生当敌人、考试制度、背书制度、课堂灌输、课程设置、教师质量相当误人子弟等仍未从根本上解决。应学习美国的先进教育制度，只有完成了这一改革，才能培养出现代化事业的适用人才。

所以，我建议，首先要研究的还是"改革开放"，关键的问题还是如何从根本上消除阻碍教育发展的体制性障碍。一句话，对于广东来讲，教育的主要问题并不是一般意义上的"发展"，而是坚决执行"改革开放"的总路

---

* 苏东斌，时任深圳大学中国经济特区研究中心教授。

线。或者说，不能片面理解与执行"发展是硬道理""发展是第一要务"的领袖语录。其实"改革开放"就是发展的根本动力，改革开放本身也就是发展本身，它们是因果关系。

（2003 年 9 月）

从根本上消除协调发展的体制性障碍

苏东斌[*]

一是就建立社会主义市场经济体制的目标而言，以往的改革仅仅是初步的、框架式的，对于旧体制的核心部分尚未在深层次上给予根本性触动，可以说"改革"已经大大落后于"开放"了。

二是改革理应协调进行，必须遏制国企改革中的"零成本"现象，必须警惕以"改制""重组"为名的"权贵资本""官僚资本"的萌生，也可以说，"政治"改革已经大大落后于"经济"改革了。

三是作为执政兴国第一要务的"发展"，绝不能理解为单纯追求 GDP 的绝对增长，也不是刻意制造多少个亿万富翁，只能是以人为本，利益的目标必须与实现的手段相统一，离开了"个人"就没有了"整体"。

四是所谓"中国特色"只能"特"在发展道路上，而不是"特"在发展目标上。在说明"中国特色"时，更应强调创造性地吸收"人类文明一般"，而在确认"初级阶段"时，更应强调体现时代步伐的"国际惯例"。只有这样，这两个庄严的命题才能显示出推进中国现代化应有的理论力量来，而不至于被曲解为阻碍确立崭新体制的障碍因素。总之"国情论"绝不应是一个反改革的口号。

（2003 年 10 月）

---

* 苏东斌，时任深圳大学中国经济特区研究中心教授。

谁之罪——评"十条禁令"

苏东斌[*]

尽管人们对深圳市委、市政府日前公布的《深圳市国有企业领导人员经营决策行为十条禁令》还感到不过瘾，也尽管"十条禁令"公布后的第一个被执行人陈涌庆受到"公开谴责"对于党纪政纪来讲是多么的不得要领，但毕竟在"约束"上动真格的了，毕竟从无监督走向有监督了，值得充分肯定。

当回首其曾是党的十五大代表，曾获全国"五一劳动奖章"、省市优秀企业家称号时，我们必须承认，不能说这一切都是假的，至少他曾经是一个努力过的人；而当反思21亿元的巨额亏损时，我们丝毫也不会比看到几十万元的贪污事实而能减少沉痛。因而，他们的周围，如当时的企业的领导集团、作为上级单位的投资管理公司领导，甚至当时的市委、市政府的有关人士，是否也应该对此承担点什么责任，同样也应因"失察""监管不力"受到"公开谴责"呢?!

在这里，显然，我们既不能忽略个人作风、品质上的问题，也不能否定领导在信息上的制约，但说到底，还是一个"制度"问题。

什么是制度？大到宪法，小到公司法，说到底就是政治文明，就是民主宪政，其内容也不外是分权、制衡、选举。试问，若在决策时能够在公司内认真讨论，不至于决定权都集中于一人；若在决策后（即使是错误的决策）能够给予监督，不至于失衡；尤其是若在屡屡失误后也能够重新选举，不至于老虎屁股摸不得，恐怕也不至于发展到今天的地步。恩格斯曾指出：巴黎公社"组织本身是完全民主的，它的各委员会由选举产生并随时可以罢免，

---

* 苏东斌，时任深圳大学中国经济特区研究中心教授。

仅这一点就堵塞了任何要求独裁的密谋狂的道路"。① "陈涌庆现象"显然有他个人之罪，但说到底，还是体制之罪，制度之罪。

应该说，要解决国企领导人的决策失误问题，除掉市场信息外，还必须有决策的民主化的制度保证。显然，这已经超越了单纯的经济体制改革的范畴，当年邓小平曾在中央政治局常委会上说明："政治体制改革同经济体制改革应该相互依赖，相互配合。只搞经济体制改革，不搞政治体制改革，经济体制改革也搞不通，因为首先遇到人的障碍，事情要人来做。"于是邓小平提出了他那个经典的论断："从这个角度来讲，我们所有的改革最终能不能成功，还是决定于政治体制的改革。"

我以为，我们当前的任务不仅需要"完善"社会主义市场经济体制，而且也需要"完善"社会主义民主政治体制。所谓的"协调发展"，不仅包括人与自然的和谐，而且也包括经济与政治的和谐。

总之，本文的结论是，完善"十条禁令"的方向应是重在制度建设，强调依法治国。

（2003 年 11 月）

---

① 《学习时报》2003 年 11 月 5 日。

深圳要在建造金融业航母上创新路

曹龙骐[*]

近几年，深圳金融业在完善法人治理结构、股份制改造、内部管理体制改革和业务品种创新等方面已做了大量工作，金融企业的竞争力有较大提高。为面对挥师直入、全副武装、超级规模的被称为金融"巨无霸"的外资金融机构，紧迫的问题是深圳应在组建金融控股集团公司方面做出新的尝试。

我建议：深圳要在建造金融业航空母舰上创新路，可以从三个方面展开。

第一，对现有的独资国有商业银行进行改造。已有的四家国有独资商业银行，应该说已称得上是金融航母，它们早已跻身世界 500 家银行之列，但必须看到，尚存在许多与现代商业银行运作机制相悖的弊端。如冗员过多，机制过死，资产质量偏低，经营管理水平差等。为此，要首先树立现代商业银行的运作理念，下大力气引进先进的管理思想、管理方法和管理机制，构造有效的管理流程。在此基础上可以先选定 2～3 家优质银行作试点，进行产权制度改革，实行股份改造，使其成为产权多元化的国有控股公司，再创造条件上市成为上市公司。

第二，提升现有优质非国有金融机构，分别在银行业、证券业和保险业内合并、重组几家具有相当大规模的商业银行、证券公司和保险公司，"做大做强"，以提升竞争能力。

第三，在现有分业经营体制框架内，加强金融同业之间在业务、技术和组织等方面的合作，通过优化组合达到资源共享、优势互补。

＊ 曹龙骐，时任深圳大学中国经济特区研究中心主任、教授、金融学博士生导师。

　　总之，当今世界，只有致力于增强金融企业的竞争力，深圳创建区域性金融中心的目标才能成为现实。

（2003 年 11 月）

深圳创建区域性金融中心必须明确
区域定位和城市功能定位

曹龙骐*

作为一个区域性金融中心，其区域定位尤为重要，而区域定位又决定了作为金融中心的城市功能的发挥。我认为：依据深圳经济、金融发展的现状和趋势，创建的金融中心的最强辐射面应是大珠三角经济圈（包括香港和澳门），理由如下。

一是从历史地理风俗看，粤港深之间地域相连、世代相传、习俗相近、语言相通、人流物流资金流频繁，目前正在形成相互依存、协作配套、日趋融合的都会经济区。

二是在珠三角都会经济区内已拥有结成经济联盟的实力，具有高开放度，拥有体制优势。

三是在金融机构互设、业务经营渗透、支付结算联通、金融市场衔接、两种货币流通、金融监管合作等方面已有相当好的合作和发展前景。

由此，深圳区域性金融中心的区域定位亦即金融中心城市的功能定位应是立足深圳、依托华南、衔接香港、辐射大珠三角经济圈。

必须指出，金融中心的区域性"界定"或城市功能定位并不是一种区域"限定"，深圳作为区域性金融中心，依据金融全球化的要求和金融业本身的运营特点，它与区域外的地区以至整个世界经济，必然有不可分割的联系。在某种特殊情况下，由于经济上的关联和投融资需要，对区域定位以外的某些地区或城市也具有较强的金融辐射力。从某种意义上说，这样做会有利于进一步拓展区域内的金融业务，有利于加强区域性金融中心的建设和巩固区域性金融中心的地位。

（2003 年 12 月）

---

* 曹龙骐，时任深圳大学中国经济特区研究中心主任、教授、金融学博士生导师。

名牌教育的"大跃进"真的来了吗？

显然，在知识经济全球化的时代，对于一个具有 500 万人口以上的特大型城市来说，要实现现代化、国际化的目标，有几所大学，尤其是有名牌大学，绝对是一个必要而充分的条件与标志。

究其原因，除了为创造满足需求的教育供给外，还有一个为创造繁荣而竞争的要求。因为，如果一个大城市只有一所像样的大学，那么垄断必然造成停滞，而停滞又必然走向腐朽，教育也就必然失去了生气。

也许，正是在对"发展是硬道理"的片面理解的驱使下，全国相当大一批城市的大学城才应运而生。于是，居然还导致了南方某地的"北京师范大学附属小学的幼儿园"的"开张"（当然不排除房地产商的推波助澜），仿佛轰轰烈烈的教育"大跃进"真的开始了。

几年来，我坚决认为：这个"一块名牌定天下"的浪漫企图是经不住历史的风吹雨打的。

教育毕竟不是文艺，不可能像马戏团那样在世界各地巡回演出；教育毕竟不是体育，不可能哪里有设施就可以在哪儿组织竞赛；教育毕竟不能等同于商品市场，不可能办起麦当劳式的连锁店来。

那么大学，尤其是名牌大学到底是什么呢？我以为，它至少应该有四大特点。

第一，是个性化教学、是大师的教育，而不仅仅是有一套什么人都能操作的精品教材。

第二，是系统化教学，而不仅仅是半年一次的讲座式报告。

---

 * 苏东斌，时任深圳大学中国经济特区研究中心教授。

第三，是有一批与名教授相对应的名学生的精英教育对象，而不是一大批适应大众教育的对象。这就一方面说明诸如走进北大、清华的高三状元们，标志着高素质的基础水平的存在，我们必须承认万里挑一与百里挑一的本质差别；而另一方面则是这些优秀的学生们更有权利，更有资格要求给他们授课的是一位名家名师，而不是无名小辈，这也是一种等价等值的社会双向选择。

第四，是存在校园的整体文化，而不仅仅是讲授的几门课程。

显然，这四大特点是一所大学（如战乱时的西南联大）非整体搬迁所不足以效仿的。否则，或者是主办单位付出坐飞机的高成本而穷于奔命，或者是干脆只好在当地另聘三流学校的导师。我以为，这也就是哈佛、剑桥、牛津这样的世界名校都难以为了教育产业的利润而办世界分校的根本原因。一句话，非不愿也，是不及也。可谓"离开了未名湖就不是北京大学"，可以说，硕士生不可能以整连整营的规模形成，博士生更不可能工业化式地批量产出，维护质量的权威也就是维护名牌的生命（据悉 2005 年中国在校研究生将突破 100 万人，2001 年为 46 万人，2002 年为 62 万人，2003 年又扩招 27 万人。上升幅度居世界第一，一些高校出现了一个博导带 10 个博士生的现象）。

然而，在名校已经请进、学生已经招来、大楼已经盖起的情况下，我的建议不是取消，而是改造，不是一切从头做起，而是更上一层楼。虽然我们必须正视它们最多只能是一种体现转型时期的过渡形式，绝非教育体制改革的目标模式，但是，我们还是能够寻找到全国大学城目前状态的一些积极因素，也可以高度评价它在人力资本中的促进作用。今后可以采取结构调整、资源组合，即通过一系列过渡性措施（诸如留下一批名校名师）组建一所新的大学，如珠海的可以叫"珠海大学"，广州的可以叫"羊城大学"，深圳的可以叫"南方大学"。可以确信，这种统一组合而不是各自为政的办法，完全能够建设一所文、理、工实力雄厚的综合性大学，至少这个基础会远远好于现有的大学，更何况在知识经济时代，多所大学的建设并不受时间积累的影响，不足 20 年历史的香港科技大学就是一个明证。

总之，教育要"增长"，但"增长"必须师生协调，否则就是"没有发展的增长"；名牌靠创造，但创造必须坚守内涵，否则就是缺乏质量的创造。

显然，在大力号召创新、敢闯的今天，我顽固坚持的居然还是一个极端保守的主张，但愿我的坚持是一个错误，因为这样，至少深圳就真的会多了北大、清华、哈工大三所名牌大学。

（2003 年 12 月）

深圳如何创建国际化会展中心

曹龙骐*

  会展业向来被世界各国所关注,无论在有"世界展览王国"之称的德国,还是享有"国际会议之都"美誉的巴黎,抑或是我国香港等世界著名的"展览城",都不仅名冠全球,同时也带来了巨额的利润和社会经济效益。近年来,我国的会展业后来居上,呈现强劲的发展势头,与旅游经济、房地产经济一起被称为21世纪"三大绿色、无烟产业"。深圳的"高交会"集商品展示、交易和技术合作等功能于一体,一连数届收到了显著成效,高交会会址也已拓展为具备信息咨询、投融资和商务服务的多功能综合性会展中心。与此同时,深圳大型国际化会展中心即将建成,这再一次展示了深圳人"欲与天公试比高"的闯劲和气魄。

  深圳如何创建国际化会展中心,我有以下几点建议。

  一是要增强会展经济意识,树立"大会展"观念。会展经济是关联性极强即"牵一发而动全身"的行业,它不仅能带来丰厚的回报,而且会带动相关行业的发展,如交通、商业、餐饮、物流、旅游、通信等,起到对整体经济增长的"助推器"作用,并且,在获取最新信息、创造就业机会、提升城市形象和提高国际水准等方面,都具有十分重要的意义。

  二是注重培育会展中心的国际竞争力。随着经济的全球化,国际贸易和经济合作范围不断扩大,会展业也只有顺应世界经济发展的大趋势,才能不断开拓自己的活动空间,也才能博采人类文明发展的新成果,从世界范围着眼吸取各国会展城市的长处和智慧,真正探索既具有国际竞争力又可持续发展的新路子。

---

  * 曹龙骐,时任深圳大学中国经济特区研究中心主任、教授、金融学博士生导师。

三是走市场化、产业化之路。会展业作为一个产业，必须遵循市场规律，实行市场化运作，在筹资和投资方面努力走资本运营的路子。事实证明，这样做有利于将会展业推向市场，在竞争中发展壮大；有利于防止在行政过度干预下形成"会展泡沫"和"政绩工程"；有利于完善会展业的法律法规和进入退出机制；也有利于充分发挥行业管理的作用和按国际惯例办事。

四是办出自己的特色。有特色才能打出品牌，有特色才能塑造城市标志性形象，有特色才具有生命力。环视全球，世界名牌会展业，无不在创新发展中形成自己的特色。就国内看，上海的"财富论坛"、大连的"服装节"、长春的"汽博展"、珠海的"航空展"、昆明的"世界园艺展"、香港的"玩具展""时装展""礼品展""电子产品展""皮革展"等，都带有城市标志性的会展特色。深圳的"高交会"已连续举办数届，办出了影响和特色，但离国际知名会展城市还有一定距离。如何创新发展，形成若干个品牌会展，是深圳会展业面临的重大而紧迫的课题。

五是依托区位优势。深圳毗邻香港，香港是国际会展中心，在会展业的组织、市场开拓中有很多宝贵经验值得学习。深圳可利用区位优势，开展两地合作，共同策划、打造品牌会展，增强会展的公益性、赢利性和影响力，更好促进多方协作。

六是营造会展业的良好环境。会展业既是一个城市的品牌，也是一个城市综合素质的缩影，它牵涉到方方面面，有硬件也有软件，如城市的文化底蕴、交通设施、衣食住行、诚信道德、人才培养等，是一个庞大的系统工程，需要政府部门和全体市民共同努力。

（2004 年 1 月）

"国际化"仅仅是一个背景，
而不是目标

苏东斌*

据《人民日报》介绍，自党的十六大以来，全国有 183 个地区先后提出了建设"国际化城市"的目标。

应该充分肯定，在发展是执政兴国第一要务的总方针的鼓舞下，一个"国际化城市"的口号，便能"引无数英雄竞折腰"。各级地方官员有如此强烈的冲动，是具有绝对积极意义的。这是一种良好的精神状态，它扫荡着一切昏昏然的官僚主义作风，真可谓气可鼓而不可泄。

可是，在我们这个盛产"口号"的国度里，如果要进行一点书呆子式的研究，那么，至少还会发现以下几个问题。

一是"国际化"仅仅意味着一种"开放度"。

因为"国际"仅指国与国之间的关系，而"化"，用毛泽东的语言，那就是"彻头彻尾，彻里彻外"，所以，"国际化"并不是一个继小康社会、现代化社会之后的更高一级的阶段。

二是"国际化"从来没有也永远不会有一个统一的指标。

说句调侃的话：国际化能要求在常委会上用英语交流吗？在政府官员中有多少外国人才算实现了国际化呢？所以，无论是从外籍人口的比例还是从外贸进出口的比重、外资构成的比重，都难以进行量化，因而也就无法动员群众去"义无反顾、勇往直前"了。

三是从已经获得的信息来看，所谓"国际化城市"无非有两项重要的内容：其一是全面地对外开放；其二是完全地走向国际惯例。如果是这样，那就是市场经济的应有之义了。

---

* 苏东斌，时任深圳大学中国经济特区研究中心教授。

因为从市场体系范围来讲，不仅存在国内市场，还存在一个国际市场；从市场运行规则来讲，它又必须执行国际惯例，而不是一国特例。显然，在那里，"红头文件"恐怕是难以奏效的。而这一切又都是邓小平改革开放理论的基本内容，它绝不是超越市场经济之外的东西。而真正完全达到这两条要求的，那恐怕也只有发达的市场经济体了，当然可以包括我们的香港在内。

由此可见，"国际化"仅仅是一个经济背景，是经济全球化、世界一体化的一个总趋势，它本身构不成任何一项具体的目标。

在这里，我倒是十分赞赏深圳市党政领导做的两件事。

其一是近半年来所倡导的"净畅宁"工程。我以为这才是基本的政府职能、主要的行政作为。因为，环境优美、道路畅通、社会安宁才是最好的生存空间、最好的投资环境。这才叫"务实的政府"，是一个"有什么问题就能解决什么问题"的政府。在此之外，任何某种刻意去制造产业结构的安排，恐怕都是一厢情愿，甚至事与愿违。惊回首，想当年深圳曾提出培育"创百亿的 6 大企业集团"的教训，才值得认真汲取。

其二是鉴于当年计划中 42 项指标体系有 23 项"难以如期完成"，市委书记在近日公开宣布推迟在"2005 年基本实现现代化"的"时间表"。我认为，这是一种敢于自我否定的政治勇气，是一种勇于面对 1000 万市民的负责态度，是一种善于改变战术安排的求是精神。

其实，现代化也是一个过程，即使是 42 项硬指标都已超额完成，也还有若干无法量化的软指标难以考核，诸如政治民主化程度、党内民主化水平、居民的幸福感等。

所以，没有哪一个地方的领导人会在某一个时刻向全国宣布自己已"基本上实现现代化"。否则，就会闹出类似河北省徐水县 1958 年宣布将在 1963 年"进入伟大的共产主义社会"和河南省范县也在同年宣布"两年后就过渡到共产主义"的历史大笑话。

从这两件事来看，深圳市是清醒的，是忧患的，而哀兵必胜又往往是规律。

总之，现代化根本就没有一个"时间表"，"国际化"同样也不会有一个"时间表"，这不仅是因为未来有许多不确定因素，更主要的还是因为它本身就是不确定的。

（2004 年 1 月）

让一切人力资本都利用起来

苏东斌*

　　鉴于《建议活页》栏目不是也不可能是像论文那样对某一问题展开充分的论述，甚至恰恰相反，它还要求具有杂文性质的尖锐时评，所以，我在去年（见《建议活页》2003年第11期）发表的那个建议，虽然观点是鲜明的，但表达出来就难免窥豹一斑。作为一个社会科学工作者，对此，我有责任来进一步阐明。

　　我的全部观点如下。

　　第一，中国的高校需要来一个大发展，而竞争是一个必要的条件。一个大城市绝不可能只有一所大学。

　　第二，古往今来都有异地办学的现象，相当大数量的高等院校主要也不是由本地人形成的师资力量，如深圳大学等。

　　第三，名牌高校可以在短期内创造成功，如香港科技大学。

　　第四，我仅仅认为一所特定的著名高等院校难以在异地无保留地出现，尤其反对它附属到幼儿园一层，即巴金只有一个，名校不可复制。

　　上述观点的全部含义就在于珍惜、坚守、爱护名牌高校的质量水准。

　　但是，文章的片面性在于没有充分地挖掘可能存在的若干积极因素。

　　虽然就整体而言，我说过"离开了未名湖就不是北京大学""离开了清华园就不是清华大学""离开了松花江就不是哈尔滨工业大学"，但是，决不应否认西丽湖畔的大学城可能有自身鲜明的特色与优势。

　　第一，既然大学"非大楼，乃大师也"，那么相当大数量的学术骨干（或者海归派）来到异地，一个人也就完全可以带出一个学科来。

---

* 苏东斌，时任深圳大学中国经济特区研究中心教授。

第二，在旧体制的束缚下，一大批还在学术盛年的专家学者因退休而被"闲置"起来，造成了巨大的资源浪费。异地办学可以在"指标"之外把他们郑重地请回来，就能够使这一宝贵资源放出异彩。

第三，退一步讲，即使某些名校的名师仅仅在异地开办几场讲座，那也有"听君一席话，胜读十年书"的功效。

第四，从学生来讲，即使他们是因大量扩招而进入名校的，其分数也是三流学校学生不可相提并论的。

所以结论就是：名校虽不可复制，但名专业能在异地产生。若干学术权威奔走于世界各地的实验室就是明证。

更重要的是，我们所追求的并不是什么牌子，什么名义，而是实实在在的学科专业的发展与人才的培养。

况且事物还有另一面。

在全球化、信息化时代，一个教育落后的地区要实现超常规发展，不仅需要一般意义上的竞争（指多办几所大学），而且需要高层次的引导（指名校影响）。否则，低水平的重复办学，只能满足于大众教育，难以适应高新技术的尖端需求。从这个意义上讲，引进名校的教师不仅是一个壮举，而且也是一种捷径。试想，当年若不是北大、清华、人大共同协助创办深圳大学，如果仅由当地人才自发组建，那么迄今为止，其恐怕也只有特等高中的水平，如果不是面向全国招生，恐怕真的办成了子弟学校。那样循环，其恶果将是灾难性的。

现在的问题是，面对全国各地已经不再是一个构想而是一种现实的一座座大学城，要想维持、坚守甚至提高名牌高校的质量，我非常赞赏教育部部长最近的声明：教育是一种产业，但不能产业化。这不仅要求公共财政必须承担义务，更重要的是名校牌子本身是绝对垄断的，而垄断价格的极度扩张也就必然造成不公平的竞争状态，从而破坏市场经济的正常秩序。在这里，其改革的途径仍然是多种多样的：或者再依靠内部的竞争，或者再引进些高、精、尖人才，或者再进一步整合规划。当然，其结果只能由实践来检验，由时间来说明，否则又会导致一种人为设计中的致命的自负。

名校虽然不可复制，但精神能再现。北京大学的"兼容并蓄"、清华大学的"厚德载物"都是中国文化、人类文明极为宝贵的精神财富。所以，引进人才不仅是一种胸怀（深圳本身就是一个移民城市，它更无理由、无资格拒绝人才），而且是一种智慧（深圳成功的最主要因素就是移民中人才的作用）。从这个意义上说，深圳不仅希望看到我所热爱的母校北大的脚步，还希望能听到来自世界名校如哈佛、剑桥的声音。因为我们毕竟还是多了一所高校，而不是少了一所高校；毕竟还是人才太少，而不是人才太多。我们必须克服小生产、小团体、门户主义、行会观念等狭隘心态，在省际化、国际化甚至将来"球际化"的背景下去发展中国的高等教育。所以，调动一切可以调动的人才资源、人力资本来为我们的现代化事业做出实质性的贡献，应该是我们在这个问题上的总原则和总政策。

（2004 年 2 月）

解放思想是繁荣发展哲学社会科学的前提条件

苏东斌[*]

在中共中央最近发出的意见中，有一个特殊的强调，即"要坚持为人民服务、为社会主义服务的方向和百花齐放、百家争鸣的方针，努力营造生动活泼、求真务实的学术环境，提倡不同学术观点、学术流派的争鸣和切磋，提倡说理充分的批评与反批评"。我认为，要真正坚持这个方针，前提条件就是解放思想。而这一点又是由哲学社会科学研究对象的特定性和研究方法的内在要求决定的。

对于哲学社会科学的基础理论，对于具有全局性、战略性、前瞻性的重大问题的研究，不仅在研究内容上往往涉及与触动经典作家们的基本原理，涉及与触动党和政府的原则与政策，而且在研究方法上又要求不是一般性的重复、宣讲，而必须有所突破、创新。尽管哲学有其价值观的倾向，但它的真理性又必须建立在科学性的基础上，而全部社会科学的基础又只能是客观的真实性。马克思主义创始人一再强调自己的学说不是"教义"而是"方法"。这就要求我们只能以对待科学的态度即以研究与探索的态度，而不是以对待宗教的态度即以信仰的态度来对待哲学社会科学。

可见，要做到中央要求的"通过理论创新推动制度创新、科技创新、文化创新以及其他各方面创新"，首先必须解放思想，而不是重复教条，即"一定要适应实践的发展，以实践来检验一切，自觉地把思想认识从那些不合时的观念、做法和体制的束缚中解放出来，从马克思主义的错误的和教条式的理解中解放出来，从主观主义和形而上学的桎梏中解放出来"。"一切妨

---

* 苏东斌，时任深圳大学中国经济特区研究中心教授。

碍发展的思想观念都要坚决冲破，一切束缚发展的做法和规定都要坚决改变，一切影响发展的体制弊端都要坚决革除。"

其实，解放思想正是马克思主义的一个基本观点、一个基本立场、一个基本方法。马克思早就说过："批评是工人运动的生命要素，工人运动本身怎么能逃避批评，禁止争论呢？难道我们要求别人给自己以言论自由，仅仅是为了在我们自己队伍中又消灭言论自由吗？"① 毛泽东也在1956年十分正确地指出过："讲学术，这种学术也可以，那种学术也可以，不要拿一种学术压倒一切。你如果是真理，信的人势必就会越来越多"，"在中华人民共和国宪法内正确的、错误的让他们去说……就是社会科学，也有这一派、那一派让他们去谈，在刊物上、在报纸上，可以说各种意见"。②

我认为，正是在这些思想的照耀下，才有了举世瞩目的理论创新。

可以说，没有解放思想，就没有1978年的关于真理标准问题的大讨论；没有解放思想，就没有1980年中国经济特区的辉煌创立；没有解放思想，就没有社会主义国家也实行市场经济体制的战略安排；没有解放思想，就没有以"共产"命名的执政党在宪法中还要保护私有财产的大政方针。

一句话，没有解放思想，就没有邓小平理论，就没有由"三个代表"重要思想所引发的一系列重大政策调整。

显然，解放思想的主体有两个，即哲学社会科学工作者和他们的领导者。没有研究者的思想解放，从根本上就没有了理论创新本身，而没有了领导者的思想解放，也就在相当大程度上失去了理论创新的良好环境。

俄共主席久加诺夫将苏共垮台的基本教训总结为"对所有制的垄断、对政权的垄断、对真理的垄断"的"三垄断"。而解放思想的两个主体就意味着，不仅要坚持学术的发展，而且还要打破理论上的垄断。当年苏联的"斯大林的指示就是铁律"的失常状态，应视为惨痛的教训。

可见，呼唤学术繁荣，首先要呼唤百花齐放、百家争鸣的方针，而呼唤百花齐放、百家争鸣的方针，又首先要呼唤解放思想。

（2004年3月）

---

① 《马克思恩格斯选集》第4卷，人民出版社，2012，第595页。
② 王凡：《知情者说》，中国青年出版社，2001，第162页。

紧抓育才、聚才、用才三个环节
落实"以人为本"战略思想

曹龙骐*

当今世界，已迈入全面竞争的时代，国家之间、地区之间、城市之间的种种竞争，其实质问题是人才的竞争。最近市委全会依据深圳如何更好更快地建设现代化国际性城市的要求，提出了"以人为本"这一立意高远的战略思路。"以人为本"，是科学发展观的核心所在，它体现了一种创新的观念，强调并肯定了社会发展的最高价值取向，是一个"纲举目张"的大举措，是深圳实现现代化国际性城市的厚实基础和根本所在。我认为，当务之急是紧抓育才、聚才和用才三个重要环节。

关于"育才"。重要的问题是重视教育，因为教育是一项基础性工作。具体说，要制定好切实可行的人才培养规划；加大对教育的投入；创建多元化、多渠道、多层次的人才培养机制，在重点办好现有的大学、中学、小学的前提下，积极开拓和创建新的办学路子，包括努力提倡社会办学等。总之，育才是人才之"源"，没有人才之"源"，也就谈不上人才之"本"。由此，各级领导应十分重视教育的重要地位，真正从思想上、行动上落实教育支出是"人力资本最大投资"、是取得将来"收入的投资"这一理念。作为市民，应积极响应，深刻认识全面提升人的整体素质是深圳实现现代化国际性城市的最厚实基础和前提条件。对此，无论上下都要有一种强烈的责任感和紧迫感。

关于"聚才"。一方面，努力培养人才，无疑是聚才的重要方面；另一方面，依据深圳发展的现状，我认为至少是近期，在人才问题上还不够条件

---

* 曹龙骐，时任深圳大学中国经济特区研究中心主任、教授、金融学博士生导师。

提"立足于自己"的口号，深圳应成为人才聚集的"高地"。事实上，作为一个"移民城市"，深圳特区创建20多年来，通过引进大批优秀人才创造了举世瞩目的业绩，这就是最好的例证。因此，为适应深圳高速发展的要求，应继续加大引进人才的力度，不仅仅是内地，澳港地区以至在世界各国的留学生，都应纳入引进人才的范围。这里，关键是要构建开放的人才市场体系，大力促进人才产业的发展。与此同时，努力实现政府管理职能的转变，营造聚才的良好环境，充分发挥部门和企业聚才的积极性，主要通过市场的作用，"筑巢引凤，引凤产卵"，真正实现人力资源的有效配置。

关于"用才"。"用才"是"育才"和"聚才"的目标所在，是人才效益的最终体现。要在十分尊重人才、珍惜人才的前提下，建立科学的人才评价体系，构建有效的人才激励机制和制度保障。在大力引进人才的同时，绝不能忽视对已经引进人才的使用，特别要重视高层次人才的去留和充分发挥其作用的问题。为更好地使用人才，还要重视现有人才的继续培养和不断提高。我认为，深圳要努力创造这样一种机制和形成这样一种理念，通过不断提炼和提升，使作为"移民城市"的深圳现有的各类人才，逐渐转化为"深圳人才"，体现"深圳精神"，这必将有利于进一步增强人才的"凝聚力"和充分发挥其"创造力"，对深圳建设现代化国际性城市产生持续的深远影响。

总而言之，"育才"、"聚才"和"用才"是落实"以人为本"战略思想的具体过程，我们既要紧抓这三个环节的建设，又要注重这三个环节的密切联系。只有这样，才能使"以人为本"的战略真正落到实处并取得成效。

（2004年3月）

还是根据不足

苏东斌[*]

深圳市近日宣布将基本实现现代化的时间由 2005 年推迟到 2010 年，对此，新华社发表了 4 篇文章，盛赞深圳以人为本，认为此举是落实科学发展观的"破题之作"。[①]

显然，较之准备 2005 年匆忙宣布实现现代化是一种高明的做法，应视为政府的进步。

但在我看来，仍然是根据不足，理由如下。

第一，现代化是一个全面的东西。在今天，它要在物质文明、政治文明、精神文明中综合显示，绝不是若干指标所能概括的。

第二，尤其在政治文明、精神文明领域，是无法用指标来量化的，它是有形和无形的统一。

第三，现代化是一个过程，是一个大的历史阶段，不会以一个具体时间来显示完成，所以它不应也不会有一个明确的"时间表"。应该说，对全国所有城市来说都是如此。

第四，对一个城市来说，比如深圳，我不怀疑它的勇气，只清楚它的权限。深圳不是"深圳共和国"，也不可能"深人治深"。在全国尚未从整体上完成经济社会改革之前，现代化是不可能以城市为本位，在一个城市单独实现的。

第五，再说，什么叫"基本"实现？这样一个弹性的说法，给人一种不庄重，留有后路的印象。

---

[*] 苏东斌，时任深圳大学中国经济特区研究中心教授。
[①] 参见《经济参考报》2004 年 4 月 17 日，第 1 版；《晶报》2004 年 4 月 18 日，第 A2 版。

第六，经济社会的发展具有不确定性，所以预测必须慎重。

至此，决不能设想，深圳市长会在 2010 年 12 月 31 日晚，到电视台向世界滑稽地宣布：深圳今天基本实现了现代化！

应该说，调整、修正指标，增加"城市环境承载能力"、增加"社会支撑力"、增加"体制新优势"，以克服其片面性、单一性是对的，但所体现出来的 38 项内容，仍然是以一个经济社会指标来定位的，仍然是把"现代化"视为一项具体"工程"，仍然认为可以通过"达标运动"就能够完成。在这里，人的自由度、幸福感均无法说明，仍然没有超越传统经济发展的观念，对于人的发展无法说明，所以，我判断，在思维方式上还是陷入了计划经济的巢穴，至少在客观上，没有真正步入以人为本的殿堂，因而还属于一种陈旧的发展观。

我有以下几点建议。

第一，停止宣传"2010 年基本实现现代化"这个束缚自己、让自己被动的口号。

第二，按照十六大提出的全面建设小康社会的总体要求，有什么"问题"解决什么"问题"，从根本上消除束缚生产力发展的体制性障碍。

第三，大书特书"净畅宁"，这在广东，甚至在全国，有极为重大的意义和作用。可惜这一点，相当大一批官员认识并不足。

（2004 年 4 月）

要实施"9+2"，必须关注两个问题

苏东斌[*]

第一，政府不能当经济主体。无论是原有产业的淘汰与转移，还是新兴产业的升级与壮大，无论是混合所有制的形成，还是非公有资本进入基础设施、公用事业和法律法规没禁止的领域，都应是企业自身的市场运作。政府应在投融资、税收、土地使用和对外贸易等方面保证不同企业享受同等待遇。政府的经济职能在于创造公平、开放的市场环境，促进生产要素的合理流动和优化组合。政府的整体性、前瞻性的战略规划、合作纲领绝不应当再具有指令性计划经济的色彩。

"9+2"合作最重要的主体并不是各级地方政府，而是企业自身。跨地区乃至跨国的企业集团是推动地区之间资源重新配置及分工与协作的关键角色，推动区域合作，除需要构筑政府之间的合作平台外，还必须构筑企业之间的合作平台。深圳市政府应努力动员和组织社会各界共同推进，逐步构筑深圳自己的著名品牌，增强城市的整体影响力、竞争力，共同促进可持续发展。

第二，深圳应有全球视野。区域经济合作，是市场经济的当然要求，对于发展中国家来说，又具有改革特别是开放的特殊意义。而这种开放的辐射力显然不会仅仅限于"9+2"。香港、澳门、广东要想真正把中国南部地区变成自己的腹地，完全取决于粤港澳经济体的吸引力和辐射力。这就是说，泛珠三角区域合作虽然立足于"9+2"，但必须同时具有全国视野、全球视野。这也是市场经济、信息经济、全球化时代的必然要求。

（2004 年 6 月）

---

* 苏东斌，时任深圳大学中国经济特区研究中心教授。

"文化立市"的实质是"文明立市"

苏东斌*

通常，提出口号是政治家的一种重要的工作方式，其客观目标就是进行社会总动员。今天的深圳，人们谈起"文化立市"的口号时，也是具有鲜明的针对性。

在这里，人们可能联想到维也纳金色大厅的音乐会，但我以为，更应该关注的是那些如醉如痴又彬彬有礼的文明观众。

在这里，人们可能观察到柏林大街上穿梭如织的汽车文化，但我以为，更应当关注的是那些甚至在 20 米以外就摆手让马路上行人先行的汽车主人的微笑。

总之，在这里，我真的看到了文化的神圣，看到了做人的尊严。

当我们渴望把自己的家园——深圳，建设成一个幸福的"理想园"时，显然不应仅追求 GDP 的高速增长，甚至也不应仅追求个人财富的充分积累。因为对总体上超过贫困线，不再为生存而奔命的人们来说，他们的需求层次发生了质的变化，于是，"文化立市"的口号也就应运而生了。

在"文化立市"的含义上，深圳人已经广泛地谈论过文学艺术的繁荣，也深切企盼着科学学术的兴旺，但我以为，我们还可以从更深的文化层次——文明的建设角度来思考眼前这个口号。这样，文化的概念就走出了以往的小天地而奔向了大海洋。当我们把文明的内容拓展到物质文明、精神文明、政治文明三大文明时，针对深圳可以预期到的可持续发展的物质文明条件已经比较具备时，就可以把我们说的特殊文明再规范到精神文明与政治文明两项中来。

对于一个城市来讲，真要树立起这两种文明，我以为关键在于对市民讲法治，对官员讲法治。前者的要害在于反野蛮，后者的要害在于反特权。

比如，要求市民像维也纳大厅里的观众一样讲文明，那也绝不是一种简

* 苏东斌，时任深圳大学中国经济特区研究中心教授。

单的道德提倡，而是一种由外在强制力量逐渐转化来的内在修养。

在这里，我们可以从正面观察被邓小平多次赞扬的新加坡的文明程度，注意到他们"严罚出自律"的经验，据说"过马路闯红灯，罚款 20 新元；开车闯红灯，罚款 180 新元；路上乱扔垃圾，罚款 100 新元；随地吐痰，最高罚款 1000 新元；电梯内抽烟，罚款 500 新元；看电影吸烟，罚款 500 新元；乱停车，罚款 500 新元；上厕所不冲水，罚款 1000 新元；在地铁车厢中吸烟，罚款 1000 新元；在地铁车厢中吃东西或饮水，罚款 500 新元；在地铁车厢中燃火，罚款 5000 新元。告示牌中的严明规定，既便于公民守法，也方便执法人员执法。对于那些薪水较低的一般工人来说，有时一次罚款就有可能将一个月的薪水全部罚光"。①

再比如，要求官员像公仆一样对待市民，则又必须把握住依法治国的核心是依法治官。

在这里，我们从反面观察到特权阶层的反文明根源。如叶利钦在《我的自述》一书中的描述："你在职位的阶梯上爬得越高，归你享受的东西就越丰富……如果你爬到了党的权力金字塔的顶尖，则可享有一切——你进入了共产主义……共产主义完全可以在一个单独的国家里为那些获取权位的少数人而实现。"俄罗斯学者伊·梅德韦杰夫撰文指出："私有化没有让国有财产落到最有权利获得财产的人的手中，也没有落到有能力利用这些财产造福于社会的人的手中，而是落到了早就准备窃取这些财产的人手中。""私有化实际上是早就准备窃取这些财产的苏联官僚阶层玩弄的掩人耳目的把戏而已。"美国一个专门研究俄罗斯问题小组的负责人弗兰克·奇福德说："苏联共产党是唯一一个在自己的葬礼上致富的政党。"

这样说来，建设精神文明与政治文明的任务无论对于一个国家、一个地区，还是一个城市，都是非常具体的、现实的。而当我们确认"文化立市"的实质是"文明立市"时，其意义绝不亚于拍一部轰动的电视剧。

而一旦人们看到了一个城市既有文明的市民，又有文明的官员时，也就会自然而然地说：这个城市真有文化。

（2004 年 6 月）

---

① 吕元礼：《亚洲价值观——新加坡的政治诠释》，江西人民出版社，2002，第 568 页。

一个值得认真领会的政策主张

苏东斌[*]

在邓小平理论中，"一国两制"的思想显然占重要地位，而在落实"一国两制"的实践中，却又有一项重要的政策主张至今尚未深入人心。

如对于 1997 年以后组建的香港特别行政区政府，邓小平说"参与者的条件只有一个，就是爱国者，也就是爱祖国、爱香港的人"，而"港人治港"不会变。由香港人推选出来管理香港的人，由中央政府委任而不是由北京派出，选择这种人，左翼的当然要有，尽量少些，也要有点右的人，最好多选些中间人。这样，各方人的心情都会舒畅一些。处理这些问题，中央政府从大处着眼，不会拘泥于小节。[①]

我以为，我们要十分珍惜，而不是九分珍惜邓小平亲自开创的良好局面，这一伟大的勇气所创造的成果是来之不易的。对此右了当然不行，"左"了肯定也不行。

所以我赞同曾庆红在 2004 年 6 月 21 日提出的香港"要团结、要和谐不要分化"，"稳定社会、发展经济、改善民生"的正确建议。

我以为，这不仅反映了我们的灵活，更反映了我们的自信；不仅反映了我们的智慧，更反映了我们的胸怀。对于这种理论与实践上的重大创新，我的结论是：既是一门科学，又是一种艺术。

（2004 年 7 月）

---

[*] 苏东斌，时任深圳大学中国经济特区研究中心教授。
[①] 《邓小平文选》第 3 卷，人民出版社，1993，第 74 页。

还是应当让"市场"来说话

苏东斌[*]

　　据说，中国已经进入了新型工业化阶段即重化工业阶段；又据说，若干地方政府正积极进入汽车产业领域。对此，我不禁想起几年前深圳市政府曾企图精心培育 6 大销售创百亿集团而后来基本失败的严酷教训。这就是说，当时市委、市政府还没有从根本上消除束缚生产力发展的思想性障碍和体制性障碍。

　　由此可以引出的具体教训有以下几点。

　　第一，25 年来中国改革开放的实践证明，"相比政府的强力干预，扶持部分企业和产业发展的做法来说，创造一个有效率的市场环境更加重要，更具有基础性意义"。政府最终就是公共利益的代表者，政府要为各类经济主体创造公平的竞争环境，所以建议市委、市政府不必着力扶持深圳的汽车产业。

　　第二，25 年来中国改革开放的实践还证明，国有经济虽然占用了较多社会资源，但效率较低。"国有工业企业占用固定资产约 50%，国内银行贷款约 60%，却只创造约 1/3 的工业总产值。到 2001 年末，国有企业在并无优势的一般竞争性行业有 15.5 万个，占国有企业总数的 89.1%。这些企业占有国有资产总值的 49%。"显然这处于一种结构性低效率的状态。所以，建议市委市政府尤其不能去直接创办深圳的国有汽车企业。

　　至此，结论应当是：在市场经济体制下，如果说资源配置的基本权力不是政府而是市场的话，那么当前所有制结构的调整恰恰是重化工业阶段经济结构调整的基础，在这方面，作为一种推动力，地方政府是能够大有作为的。

（2004 年 7 月）

---

　　* 苏东斌，时任深圳大学中国经济特区研究中心教授。

"净畅宁"的理论意义

苏东斌[*]

半年来，我一直"鼓吹"，应当大书特书深圳的"净畅宁"工程，它的意义绝不仅仅在于对一个城市的治理。

我以为，它至少还有以下三点意义。

第一，体现了政府职能的转换。从安排产业结构转向创造良好环境，这已经具有了政治体制改革的性质与内容了。

第二，体现了对"以人为本"的科学发展观的贯彻。如果说"三个代表"重要思想的本质是"立党为公，执政为民"8个大字，关键又在于"能否代表"4个大字，那么，"净畅宁"工程就反映了人民政府对城市自己的主人——深圳广大市民的尊重与热爱。

第三，体现了市委市政府管理现代化城市的能力与智慧，而这也正是政府执政能力提高的具体表现。

可以说，从一定意义上看，一座城市是"净畅宁"，还是"脏堵乱"，也是衡量地方政府执政能力的一个重要标志。

（2004 年 8 月）

---

* 苏东斌，时任深圳大学中国经济特区研究中心教授。

"创新"背后的"陈旧"

——深圳基金业发展中的思考

曹龙骐[*]

基金业是金融业的一个重要组成部分，它具有高度透明、高交易效率、组合投资、专业化管理等特征。通过创新，促使基金业与银行业、保险业、信托业相互竞争、共同合作，以推动我国整个金融市场的稳健发展。从这一意义上说，基金业创新不仅是自我创新，而且关系到整个金融业的创新和发展。

伴随着深圳经济的快速发展和改革开放的逐步深化，作为深圳经济发展三大支柱产业之一的金融业，已经占深圳 GDP 比重的 10% 左右。而深圳基金业的发展尤为迅速，目前在深圳的基金管理公司已有 20 多家，已拥有 1500 亿元的基金资产总规模，占全国总量的一半以上。深圳市政府在"2002（深圳）基金论坛"上明确表示，要将深圳的基金业作为金融业的一个重点，将深圳建成中国的基金中心，政府将努力营造基金业成长壮大的优良环境。

从创新的角度看，应该说基金本身就是一个金融创新品种，而基金业的开放又是基金业体制创新的一个重要方面。目前我国开展的双 Q 制度，即 QFII（合格境外机构投资者）和 QDII（合格境内机构投资者）以及 CDR（存托凭证）等，都是我国转轨时期证券市场一种过渡性的基金型金融创新。它的重要意义不只是为我国证券市场增添了增量资金，更重要的是这一金融创新具有以下作用。一是给市场投资以新的理念，QFII 这一重量级机构投资者入市，所显现的成熟性和市场性，在完善法人治理结构、强化对市场的渗透、规范经营行为、重视和保障中小投资者利益以及提供更直接和自主的市

* 曹龙骐，时任深圳大学中国经济特区研究中心主任、教授、金融学博士生导师。

场准入方式等方面，会形成新的价值理念。二是为推进中国证券市场的成熟增添了新的动力，因为它的加入在一定程度上起到减少股市非理性波动的作用，降低股市与宏观经济相背离的程度，从而增加了市场的有效性和稳定性。三是有助于促使中国证券市场进入一个新的阶段，至少会改变长期以来我国股市独立于国际市场的状态。

不可否认，深圳基金业的发展是主流，但具体深入分析，目前还存在不少需要解决的问题。一是与目前股票市场一样，基金业同样存在信息不对称的问题，投资人仍很难了解基金的行情，加上按规定过去的封闭式基金"一管十年"，使管理人成了"老大"，而基金投资者很难有说话的权利，致使法人治理结构扭曲，本来理想中"机构投资人"仍然变形，甚至导致连现行的开放式基金投资者也存在大量"赎回"的现象。二是封闭式基金高折价，折价比例长期维持在30%左右（西方国家为15%左右），已陷入穷途末路的境地。三是按现行规定，基金管理公司可依据基金发行规模收取1%～1.5%的管理费，即使基金做亏了，也得收管理费。这一制度客观上形成基金规模越大基金管理公司收益则越多，基金管理公司在"旱涝保收"的"利益至上"心理的驱使下，很容易形成"只关心基金规模，不关心基金效率"的弊端。同时，也造成一定程度的行业垄断，其后果是一方面使新的基金发不出去，另一方面表现为基金管理水平低下和宏观效益下降。四是现在的基金管理公司和证券公司之间存在"你中有我、我中有你"的事实，共同操作、相互托盘，只讲联合、不讲竞争，这也是与市场发展规律相悖的。

通过以上剖析不难看出，深层原因还是行政干预问题、法人治理结构问题和金融环境问题，总之，是一个体制性障碍问题。

从深圳基金业的发展中可以看出，创新是金融业包括基金业在内的发展的不竭动力，但在"创新"的"背后"，还往往存在由"体制性障碍"所带来的"陈旧"。如果不引起重视和坚持深化改革，所谓的"创新"也不过是漂在水面上，终究可能被"陈旧"所吞没，导致传统做法的回归。看来，说改革是一场"革命"，创新是一个不断推进的过程，确实是符合实际的真理。

（2004 年 10 月）

执政能力主要体现在"公仆"的
意识与"公仆"的行为上

我认为，必须准确地领会中央关于加强执政能力建设的精神实质，从而关注它的环境特征。

第一，执政能力最终要落实在"法治"上。

由于忽视了法治建设、制度建设、体制变迁，所以能力的强化反而导致了个人专断、专制，从而使"人治"猖獗。所以，本文建议把"法治"建设放在执政能力建设的关键地位上。

第二，执政能力必须建立在"民主基础"上。

没有人怀疑历史上的秦始皇、拿破仑、斯大林、齐奥赛斯库他们个人的执政能力，可是，一旦失去了"执政的合法性"基础，即人民的拥护、支持与信赖，那就同样会发生政治与经济的危机，最终导致毛泽东 20 世纪 40 年代在延安所说的"本领恐慌"。

这里的"基础"专指客观上（不是主观上）的人心向背。改革开放代表了人民的利益，受到了人民的拥护，坚实了执政的合法性基础。正如邓小平所说，没有改革开放，我们过不了"政治风波"这一关。

同样，苏共的垮台从根本上讲也不是什么戈尔巴乔夫等人执政能力太差，而是"三个垄断"（"所有制垄断""政权垄断""真理垄断"）导致的。失去了人民的拥护，也就失去了执政的基础。能力再强，也会发生危机，所以马克思反复指出，最重要的事情是"防止国家和国家机关由社会公仆变为

---

* 苏东斌，时任深圳大学中国经济特区研究中心教授。

社会主人"。①

以胡锦涛为总书记的党中央自十六大以来主要运用的也不是什么"个人铁腕"，而是做到了亲民、平民、为民，用坚定而具体的目标与形象，实现了"权为民所授，权为民所用"的有效结合。

可见"执政能力"与个人的学术能力、经商能力，甚至个人的升迁能力不同，它不仅是"水平""智慧""谋略"一类"技术"上的东西，更是"立场"（即客观上站在人民利益一边，站在民主政治一边）上的东西。我们的目标不是要建设一个"全能大政府"，各级官员也不是"父母官""救世主""大救星"。请牢记胡锦涛同志精辟的指示"立党为公、执政为民"。这是衡量有没有真正学懂，是不是真正实践"三个代表"重要思想的最重要的标志。②

为此，建议把发展民主政治的能力放在提高执政能力建设的第一要务上。

（2004 年 10 月）

---

① 《马克思恩格斯选集》第 3 卷，人民出版社，2012，第 55 页。
② 《人民日报》2003 年 7 月 2 日。

关注深港两地金融开放
和金融监管中的新问题

曹龙骐[*]

随着内地与香港经济金融的日趋融合，两地金融市场对接和货币资金交易中会随时出现一些新情况和新问题，必须引起重视。

内地居民赴港炒股问题。随着"个人游"的启动，加上规定内地出境携带现钞和外币标准提高，内地银行又开办"境外消费、境内人民币还款"业务提供方便等，且港股吸引力大，赴港开户炒股的内地居民大有人在。据了解，这些股民以炒期货为主，其次是六合彩，甚至是变相赌博等，而港股没有涨跌幅度限制，中长线股票投资"天高皇帝远"，入股风险甚大。就法规来说，内地居民赴港炒股还涉嫌违反外汇管理规定，也有与洗黑钱、私募基金、地下钱庄等有联系的，这又关系到国家金融安全问题。

"地下保单"问题。CEPA框架下，内地放宽到港旅游限制，不少内地居民通过"自由行"方式前往香港购买保险，即所谓"地下保单"，购买者多为有相当强经济实力的客户，其种类主要是返还型的投资分红险、年金、保障型和医疗型险种，如继续扩大，务必使内地资金大量流失，以此为掩护进行非法洗钱活动，必然会影响两地金融行业秩序和金融行业稳定。

因此，进一步深化深圳与香港金融合作，我有两点建议。一是以"融"为主，即进一步扩大两地的金融合作面，努力创新金融体制和金融产品，创建两地货币资金流通新渠道。二是以"管"为重，即正视金融业具有高风险的特征，客观承认两地金融体制和管理水平的差距和差异，加强两地金融监管部门间的配合，加强两地在金融业和金融产品创新方面的交流和合作，加

---

* 曹龙骐，时任深圳大学中国经济特区研究中心主任、教授、金融学博士生导师。

7

强对市场的跟踪监测，建立有效的信息和风险管理系统，切实采取有效监管措施，实现两地金融业的稳定、协调和持续发展。

（2004 年 12 月）

"整顿党的作风"

苏东斌[*]

借用毛泽东当年的标题是为了解决现在的一个问题。

我以为，"反腐败"至少有三种形式：除了要打击"贪官"（行贿受贿）、整治"庸官"（不作为）之外，还要整顿一下"俗官"。

我所谓的"俗官"，仅举三例。

其一，不知从何时起，在委托人在座之际，我们还是常常听到这样的语言，"我受××书记（或省长、市长）的委托，讲几句……"，其实，本应由××书记（或省长、市长）本人当场讲的话，偏偏要由下级、副手来代理，以示自己的威权。回想起来，连毛泽东当年也没有摆过这个谱。

其二，也不知从何时起，大会发言人都把在场的几位最高官员称为"尊敬的××"，仿佛只有他们几位才是可尊敬的，也仿佛其他人则是可以被侮辱的、被损害的。

其三，大会主持人经常说："××书记（或省长、市长）在百忙之中亲自参加了我们的会议，让我们表示感谢。"按说，该出席的会不出席应叫"失职"，不该出席的会仍要出席应叫"扰民"，所以根本不应存在感谢之类的意思，不应颠倒主人与公仆之间的关系。

在国际交往中，上述语言有时是必要的，否则既缺乏礼貌又缺乏常识，但在国内，尤其在基层单位则大可不必。

所以，我建议，除了对党和国家领导人外，一律禁止这类俗不可耐的风气。

（2004 年 12 月）

---

* 苏东斌，时任深圳大学中国经济特区研究中心教授。

请注意三个倾向性问题

苏东斌[*]

目前，中共深圳市委以"发出激越动员令"的形式提出：努力构建"和谐深圳、效益深圳"。

这是一个坚决响应中央科学发展观的号召，具有积极意义的口号，体现了市委市政府总揽全局的执政能力。

但是在这个口号落实过程中，我认为还应注意三个问题。

第一，这是一个战略性口号，而不是一项具体的任务。

如果说连"现代化"都难以用十分具体的指标来体现的话，那么"和谐"的指标就更强人所难了。由于"和谐"本身是一个动态过程，其指标无法确定，所以也就根本不可能有一个完成的"时间表"。它其实是一个永远追求的目标，而不是一项大型工程。可见，"和谐深圳"既不是"计划"出来的，也不会是"动员"出来的。

第二，这是一个有居安思危性质的口号，而不具有强烈的现实针对性。

任何新颖口号的提出都具有针对性，都是为了解决当前存在的问题。

由于深圳基本上没有"三农"问题、大规模"下岗"问题，由于深圳人均 GDP 已达 7162 美元……可以说，深圳是国内相当稳定、和谐、有效益的地区之一，难怪温家宝总理近日视察深圳时说：我要感谢你们，没有你们的税收，中央怎会有更多的转移支付。

所以，我认为，这个口号虽然具有居安思安的性质，却不具备有的放矢的特点。因为可能有人会误解为现在的深圳是动荡的、不和谐的深圳，是一个亏损的、效益差的深圳。

---

* 苏东斌，时任深圳大学中国经济特区研究中心教授。

第三，"速度"和"效益"是相统一的，深圳并不存在方向性的转移与历史性的跨越。

可以说，党的十三大以后，党中央就提出了增长方式由外延型向内涵型、由粗放型向集约型转换，但这种转换并不是一种"反速度"行为。因为我们所要的"速度"本来就应当是一个有效益的速度，我们所要的"效益"也本来就应当是一个有速度的效益。"速度"的对立面并不是"效益"，而是"慢度"；"效益"的对立面也不是"速度"，而是"亏损"。所以，讲"速度"必须讲"代价"、讲"成本"、讲"可持续性"。

总之，发展还是"硬道理"，速度还是相当重要的。

（2005 年 1 月）

再建议

苏东斌[*]

关于月前的建议，自觉还没有说透，此文为补充。

深圳市委、市政府在 2004 年 12 月以"发出激越动员令"的形式，隆重地提出了一个醒目的口号，即构建"和谐深圳"与"效益深圳"。其宣传力度之大，可谓空前。

我认为，这里的动机和指南都是极为重要而又十分明确的。

但是，如果从文字的表述来看，似乎还须再推敲一下，方可取得共识。

第一，"效益深圳"不与"速度深圳"相对立，前者对应的是"亏损深圳"，而后者对应的是"停滞深圳"。

"速度深圳"与"深圳速度"的口号都没有错，因为我们讲的"速度"从来就不是拼资源、拼环境的速度。

所以并不存在一个从"速度深圳"向"效益深圳"的历史性飞跃。如果说一定有一个什么变化的话，那倒应是一个由"粗放型增长方式"到"集约型增长方式"的历史性飞跃。

因为不能说"速度深圳"本质上就是粗放型增长方式，也不是说"效益深圳"本质上就是不要速度了。

总之，从来就不真正存在没有效益的速度，也不真正存在没有速度的效益。

第二，无论是发达国家，还是发展中国家，依照国际惯例，只能以"速度"为最简单的经济表现衡量指标。若讲"效益深圳"，其量值要困难得多，且难以操作。

＊ 苏东斌，时任深圳大学中国经济特区研究中心教授。

第三，其实这两个口号都不直接体现"以人为本"的核心要求。因为"以人为本"只能是以"个人"为本，而"和谐深圳"的"本"是组织、是社会，"效益深圳"的"本"是企业、是政府。

基于以上三条理由，我有两条建议。

其一，我建议在这两个口号之后，应有两句必要的说明。第一句是"我们所说的'和谐'，其核心并不在于处理好各种关系，而最终还是要落实到每个人的幸福与快乐上，使他们为能够生活在深圳而高兴"。第二句是"我们所说的'效益'，只能是体现在速度上的效益，对于深圳来说，发展还是硬道理"。

其二，如果可以选择另外的提法的话，可否提出建设"幸福深圳"的口号？这样才能体现深圳居民对社会发展水平的满意程度。

（2005 年 2 月）

建议修改三处文字的表述

苏东斌[*]

在 2005 年 3 月 25 日召开的市委工作会议上，新任市委书记发表了充满激情的、务实的革命演说，也可以说，这是新市委的执政宣言。它一扫多年来党八股的"官话""套话"之风气，给人一种久违了的新鲜感与亲切感。

其一，演说的最精辟之处在于："要向改革创新要发展的动力，向改革创新要发展的优势，向改革创新要发展的资源，向改革创新要发展的空间。深圳的根，深圳的魂，就是改革创新。"可以断言，如此高涨的改革呼声，自党的十三大以来，在全国都还没有听到过，真不愧为发自深圳的声音。

其二，关于深圳 25 年历史进程的"三阶段"提法。讲话指出"深圳 25 年的历史，大致经历了三个阶段，即特区初创时期、跨越式发展时期和落实科学发展观时期"。

我以为，三个阶段的提法缺乏"统一性"与"规范性"。因为前两个阶段不是"非科学"的发展，那时急需单兵突进、寻找突破口、杀出一条血路来，也是科学的。而今天则更应注重"协调发展"。又鉴于是否真正实现了协调发展还有待实践来检验，所以建议将第三个时期改为从 2005 年开始"走向协调发展阶段"。

其三，关于特区的概念。讲话强调"改革创新就是深圳最大的本钱"，强调"要高举特区的旗帜""戴牢特区的帽子"。我认为，这里的关键、核心问题是特区的"概念"到底是什么。

我一直主张，特区是实行特殊政策与优惠决策的地区的简称，一旦取消了特殊与优惠的"政策"，那么特区在实质上也就消亡了。

---

* 苏东斌，时任深圳大学中国经济特区研究中心教授。

　　而当时的特殊政策（即用市场来配置资源）是针对内陆实行计划经济体制而言的；当时的优惠政策（如15%的所得税）又是针对着内陆封闭状态统一税收而采取的。

　　当今天全国都已否定了计划经济，都以市场经济为体制改革的取向与目标，都以否定优惠政策的公平竞争为市场准则时，特殊而优惠的"特区"使命也就在实质上圆满地完结了。所以，我的结论是：今天我们已经没有必要亦无可能更不被允许，再在"特"字上大做文章了。

　　那么为什么人们至今还要大谈而特谈"特区"呢？

　　我逐步发现，其中的原因除了对特区有天然的感情依赖以外，主要还并不是希望中央仍然照顾深圳，而是把特区的"概念"给"转换"了。

　　2002年初，前任市委提出："深圳经济特区发展到今天，我们的'特区'观念也要与时俱进。今天我们的'特'，主要的不是要求特殊的政策，特殊的优惠，而是要立足深圳实际，面向全省全国，不断解放思想，要有特别超前的眼光，特别务实的思路，特别振奋的精神，特别出色的工作。"

　　2005年3月25日，新任市委提出："今天，特区的基本内涵就是，特区是特别能改革、特别能开放和特别能创新的地区。"

　　这说明，这里的"特区"概念已经和80年代初关于建立经济特区的直接规定根本不一样了。

　　特区的概念已经从实行"特殊的政策"的地区转换成具有"特别的眼光""特别能改革"的地区了，这也就是说，特区的概念已经从"实体"转入"精神"了。

　　一旦"转换了"特区的概念，应该说也就理所当然地受到广大官员和群众的赞许。

　　我认为，作为一种"观念"，是可以与时俱进，而且能够千变万化的；但作为一个"概念"，由于是具体的，也是特定的，只要反映它的本质特征，就是绝对凝固的。所以，它既不能与时俱进，又不能千变万化。在逻辑上，"概念"是不能被"偷换"与"演义"的，这就是说，在逻辑问题上"观念"与"概念"被混淆了。

　　但在这里，仍有两个值得分析的具体问题。

　　一是"改革创新"对于深圳来讲，虽有优势但并无垄断权。我几年前就讲深圳不可能永远做全国的"经验批发商"。

二是市委讲的深圳定位还只是一种"方向"，是一个"要求"、一个"未来"，而不是"现状"、不是一个"描述"、不是一个历史的沉淀。

3年前我曾比喻："你希望有一个什么样的老婆"和"你的老婆到底是什么样"，这不是同一个概念。

其四，关于深圳的定位。讲话强调："深圳的定位就是改革创新。"我主张应进一步研究深圳发展的动力、作用与目标。

显然改革创新应是动力，而仍然要做"窗口""试验田""示范区""排头兵"应是作用，这里缺乏的倒是城市本身的发展目标。因为我们既不能说深圳的定位就是一系列变化过程，又不能说变化的结果就是给别人提供经验。所以它并没有回答深圳将变化到哪里去，也没有回答深圳示范作用将到什么位置上。

可见在这里仅有发展的动力、发展的作用，并没有发展的目标。

（2005 年 3 月）

一点建议

袁易明[*]

在 3 月 25 日深圳市委工作会议上，李鸿忠书记所作的《继往开来　改革创新　把深圳经济特区的宏伟事业继续推向前进》的精彩报告有一个突出的意义和一个极其响亮的口号，其影响深远。

第一，关于一个突出的意义。

一段时间以来，特区政策优势的迅速弱化和自身社会经济发展的矛盾与面临的严峻资源制约，造成了深圳的发展困惑，表现为部分人的信心受损，干劲不足，"特区精神"受到挑战，在此时期大力提倡"四种精神"——负责精神、敢闯敢试精神、敢抓敢管精神、奋发有为精神，无疑是一"强心剂"。

第二，关于一个极其响亮的号召。

报告极其响亮地提出改革与创新的口号，十分明确地提出深圳的根、深圳的魂是改革创新；深圳的未来必须向改革创新要动力、向改革创新要资源、向改革创新要空间，最终以改革创新创造深圳的发展优势。这个号召十分明确地指明了深圳发展的本质动力，也规定了深圳走出发展困境的基本路径。其意义在于非常明白地昭示：深圳的昨天是靠改革开放，深圳的今天需要找回"试"与"闯"的胆识与精神，深圳的明天离开改革与创新将不复成存。

第三，一点建议。

报告的第一部分将深圳过去 25 年的发展历史分为初创时期、跨越式发展时期和落实科学发展观三个时期。在我看来，之所以要划分时期，是因为不

---

* 袁易明，时任深圳大学中国经济特区研究中心教授。

同的时期有明显不同的特征或者内涵，并且这种不同对城市的发展有着重要的影响，甚至是决定性的意义。划分阶段的直接目的是世人易于把握过去历史，以作未来借鉴。因此，划分发展阶段必须具备以下条件：一是不同的发展时期存在明显差别；二是对城市发展至关重要。

在以上两个条件的基础上，还需要有另一个条件，即阶段划分的依据必须具有一贯性，不同阶段的划分必须依照同一类划分尺度，如时间尺度（分为初期、中期等）、发展模式尺度（可分为外延增长期、内涵增长期等）、发展速度尺度（缓慢增长期、快速增长期），当然还有其他尺度。

报告的阶段划分有几个方面有待完善。

一是划分阶段的依据截然不同。初创时期按时间尺度划分，跨越式发展时期按发展方式划分，而落实科学发展观则是按政策内容尺度划分。

二是有的划分尺度没有突出的意义。如特区初创时期，这一划分角度具有一般性，不能很好地揭示出这一时期的主要特征和主要内涵。

三是存在阶段之间的交叉与重叠。如初创时期与跨越式发展时期之间就存在发展方式的重合，初创时期其实也是跨越式发展的一个时段。

四是发展时期不能并列。因为初创时期实际上也是采用的跨越式发展方式，与跨越式发展时期不能并列；落实科学发展观的时期也不能与跨越式发展时期并列，它只能与按相同尺度划分的其他时期如落实改革开放政策并列。

鉴于此，建议用同一发展阶段划分尺度，完善对25年历史的发展阶段的划分。

（2005 年 3 月）

"善政"还需"仁政"

陶一桃[*]

　　"善政"是以往深圳市政府从未提及的非常好的执政理念。它以直白而通俗的语言既表达了主要领导人的自律精神和执政的境界，同时又是对全体党员干部的一种职业道德的要求。李鸿忠书记对"善政"的解释是："善政强调的是本事、能力。"而我认为，尽管"善政"强调的是本事、能力，但"善政"绝不仅仅是本事、能力的事，还理应包含"仁政"的内涵，即执政的德性和良心。因为，只有建筑在执政的德性和良心基础之上的"本事"和"能力"，才能被称为"善能"，而只有"善能"才能结出"善政"之果。

　　事实上，并非有本事、有能力的人，就一定有德性和良心，更不是本事、能力越大，德性和良心就越强。在中外历史上两者相悖的事例比比皆是。如没有人会怀疑希特勒个人的本事、能力，但几亿人被无端卷入血腥的战争，几百万犹太人为他的极端民族主义而失去生命。在这里，本事、能力带来的不是"善政"，而是"罪恶"。同样，没有人会怀疑奠定了中国"大一统"基础的秦始皇个人的本事、能力，但暴政使他的本事、能力也不可避免地成为"罪恶"的代名词。可见，没有"仁"（品格、道德、良心）的"政"，很难称为"善政"。本事和能力本身是无伦理色彩的，但执政者一定要有道德。所以，一个称职的党的干部，既不能是本事、能力都欠缺的所谓好人（好人并不一定就是好干部），更不能是那种有本事、有能力，但毫无德性和良心的人。从某种意义上说，一个无德性和良心的官员，其本事、能力越大，对社会和公众的伤害也就越大。正如炸药的能量越大，其破坏力也

---

　　* 陶一桃，时任深圳大学经济学院党委书记、教授。

就越强。

所以，我建议，把执政的德性和良心明确地表述出来。

（2005 年 3 月）

不要滥用"和谐"

陶一桃[*]

　　"和谐深圳"的口号一经提出，就不仅以它特有的道德上的感染力激荡着人心，而且还以其思想上的魅力鼓舞着人心，同时，更以其境界和道德上的征服力凝聚着人心。但是，随着"和谐深圳"的理念日渐深入人心，一种"泛和谐"的趋势正在蔓延。比如在"和谐深圳"的感召下，各个行政区相继提出"和谐××区"的口号，而各个单位也纷纷提出"和谐××单位"的口号。应该说这一做法的积极意义是值得肯定的，而且任何人都会明白口号提出者的用意。然而，当我们认真思考"和谐深圳"的真正内涵时，就会发现在"和谐深圳"口号下"纷纷和谐"的提法并不恰当。

　　首先，"和谐深圳"并不是一个单纯的道德判定，同时，单凭道德的力量也是无法真正实现一个社会的和谐的。和谐社会还必然包括以完善的社会机制解决和处理各种矛盾，以制度规范人们的投机行为和个人主义倾向，尤其以公共福利和社会保障制度与政策缩小社会的贫富差距，在法律的框架内构建"惠己悦人"的社会。

　　其次，"局部和谐"与"整体和谐"不存在因果关系。比如包括社会保障在内的社会公共经济政策，是以一方政府对社会资源（财政收入）的统一调配为前提的。在这一资源的调配使用中必然存在全局和局部的矛盾（市政府和各行政区之间的矛盾），因此就难免出现"地方和谐"与"整体和谐"的冲突。所以从理论上说，各区和谐之"和"并不必然等于"和谐深圳"，而各单位和谐之"花"，同样并不必然结出"和谐深圳"之"果"。如果将"和谐深圳"的实现过程如此简单化，将影响"和谐深圳"这一目标本身的

---

　　* 陶一桃，时任深圳大学经济学院党委书记、教授。

高远与厚重。

最后，口号、理念本身的正确是一回事，对口号、理念的正确使用则是另一回事，不正确的泛用不仅会毁掉好的口号和理念，而且也会毁了健康向上的社会风气，正如人们对"与时俱进"的滥用，使这一口号在许多情况下不仅成为笑谈，而且还成为某些人不负责任的冠冕堂皇的"托词"。所以建议只提"和谐深圳"的口号，不要将和谐泛化了。

（2005 年 3 月）

能否再加几句特区"概念"的前提

苏东斌*

近几天，我一直思索这样的问题：为什么市委一定要把特区的概念从当年的"实行特殊体制和优惠政策的地区"演变成今天的"特区是特别能改革、特别能开放和特别能创新的地区"，难道市委还会只讲政治不讲逻辑吗。

现在，我终于明白了。

正如市委宣传部副部长吴忠所说，它体现了深圳新市委的政治智慧。

第一，从理念上来讲，一旦把特区的概念从"实行特殊的政策"的地区变为"具有特别的眼光""特别能改革的"地区，那么特区的内涵就已经由一个"实体"转换成一种"精神"了。

而一旦特区概念的内涵转换了，特区概念的外延也就随之缩小了。它并不是泛指"一切"具有"特别能改革"精神的地区都可以称为"特区"，而是专指曾经划定为实行特殊政策的而今仍然保持着特别能改革精神的地区了。

只有确定了这个理念，才能圆满地终结五年前、两年前那场关于特区还是不是"特"、能不能"特"的大争论。因为如果提出要做一个"特别能改革地区"的口号，就会理所当然地为广大群众所接受。而今天市委号召要珍惜的牌子、要高举的旗帜、要戴牢的帽子的"那个特区"，都是专指具有改革创新的内容，不再含有特殊的优惠政策的要求。我以为，只有说明特区概念的内涵转换与外延的缩小，而且强调这种转换并不是另辟蹊径，而是概念上的深化，才能显示出政治性更强了，而且逻辑性也顺了。

第二，从感情上讲，当年创业的老同志怀念特区的热土，今天的老百姓

---

* 苏东斌，时任深圳大学中国经济特区研究中心教授。

热爱"特区"这个名称。而中央不仅明确宣布过对特区的"政策不变"，指出经济特区将伴随着中国改革开放和现代化建设的"全过程"，而且几届中央领导、省委负责同志都号召、鼓励深圳"继续"当好"排头兵""窗口""示范区"。显然这种期待决不能建立在特殊政策之上了。在这种情况下，深圳市委有什么必要不在"特"字上下功夫呢？

第三，重要的，还是从现实来看，首先，25年来深圳的高速发展并没有掩盖住它所存在的深层矛盾与面临的困境。靠什么来解决土地、能源、环境等问题呢，只有继续发掘改革开放这一动力。新市委提出"改革创新之路是当前深圳唯一可以选择的路"，这就等于向全世界、向全国宣告深圳并不像有人所描述的那样，市场经济体制已经完全确定，而是仍然没有完成改革开放的攻坚任务。这绝不是什么故做谦虚，而是充满着冷静的忧患意识。其次，市委提出"改革创新之路，是我们最好的出路"，这就意味着深圳既不想以一个区域的中心城市来一般性地发展，也坚决放弃做一个争取更特殊更优惠的自由贸易区的想法，而是仅仅仍然要在体制改革上大做文章。

于是，在这里，诸如"全面建设小康社会"，建设"现代化城市"，建设"国际化城市"等终极目标也就不必再讨论了，要研究的是实现这一目标的各种具体手段、措施等问题。显然，还是只能把改革创新推到前台。也正是在这个意义上，市委才讲"深圳的定位就是改革创新"。这绝不是在宣扬什么"运动就是一切""创新就是一切"，而是着力说明在目标确定之后，手段、动力、措施就是头等重要的事情了，否则只能空谈误国！空谈误市！所以，要想大干一场，首先必须转一下特区"概念"这个弯。

（2005年3月）

"特"，不能单纯理解为独辟蹊径

曹龙骐*

特区还要"特"，特区还能"特"，这实际上是一个问题的两个方面，但并不能单纯理解为要另辟蹊径。特区是中国的特区，从区域发展来说，它与相关区域存在多方位密切联系；从发展经济学的角度分析，地区之间存在资源组合和优化配置的问题。所以，特区的发展绝不是孤立的，一定要将它置于全国甚至是全球这个大环境中加以考察和安排。特区要继续"特"下去，固然有自身的努力，但绝不能脱离大环境而孤身奋斗，既要充分发挥"内力"的作用，也要借助包括来自港澳台在内的国内诸方面"外力"的作用，获取"双赢"和"多赢"，为特区的改革创新提供厚实的基础和拓展更大的空间。

另外，在目前中华大地万马奔腾、你追我赶的改革开放年代，改革创新必然也是他们的必选之路，一些省份和城市成绩卓著，甚至在很多方面走在全国的前列，且发展势头喜人。面对这一形势，作为特区，应十分注重吸取先进地区的经验，以他之长，补己之短，结合特区的实际，既找"差距"又明"差异"，增强紧迫感和责任感，不断提高特区要"特"的本事和能力，这既是特区本身发展的需要，也是特区定位的需要。同时，坚信事物总是不断向前发展的，特区总有"先"可创、有"特"可写。

重要的问题是要"树立创新之勇、争天下之先"的大无畏精神，坚持不断创新，为"珍惜特区的牌子，高举特区的旗帜，戴牢特区的帽子"做贡献。

（2005 年 4 月）

---

* 曹龙骐，时任深圳大学中国经济特区研究中心主任、教授、金融学博士生导师。

应淡化"历史性飞跃"的提法

陶一桃[*]

我十分赞同这样的观点,"效益深圳"并不与"速度深圳"相对立。从来就不存在没有效益的速度,也不存在没有速度的效益。但是,不仅我,几乎所有经历和目睹深圳这座城市成长的人,都会明白"速度深圳"与"效益深圳"提法所包含的用意。因此,"速度深圳"与"效益深圳"提法本身并无问题,麻烦在于将两者联系起来,作为逻辑上的递进,共同来表述深圳历史上似乎两个完全不同的,由初级向高级转型的历史时期所带来的理论与逻辑上的混乱、错误和矛盾。

如果我们回忆一下 25 年前,从蛇口传向全国乃至全世界的"时间就是金钱,效率就是生命"这一石破天惊的口号,就会深深感到这一口号在当时除了具有意识形态上的观念转变意义外,更重要的还在于它是对深圳经济建设的真实而生动的写照,那就是高速度加高效率。在那个年代,相对于依然占据主导地位和支配地位的传统经济体制的低速度和无效率而言,深圳无疑代表着中国最先进生产力。因此,无论是站在全国的高度,还是站在今天深圳的角度,"速度深圳"都绝不能成为"初级阶段"的代名词,而"效益深圳"也绝不应该是(从理论逻辑到事实上都不可能是)对"速度深圳"的否定。否则,我们就否定了深圳在中国改革开放之初,在推动市场经济的形成与发展中所发挥的重要的历史作用。更何况,当时的深圳比今天的深圳要承担更多的意识形态的压力和改革的风险。所以,无论从理论上还是从逻辑上,都不存在一个由"速度深圳"向"效益深圳"转变的所谓的"历史性飞跃",而"效益深圳"这一口号本身,更不可能代表优于"速度深圳"的经济增长方式。

---

* 陶一桃,时任深圳大学经济学院党委书记、教授。

另外，纵观深圳特区25年的发展历史，其财富创造的方式的确发生了巨大的，甚至是根本性的变化。因此，把深圳的这种转变概括为生产方式的转变，即由"粗放型增长方式"向"集约型生产方式"的转变是准确的。同时，尽管生产方式的转变首先表现为社会财富创造方式的转变，但是它还必然带来社会发展的理念和经济增长的价值观的变化，比如以低能耗和资源节约为特征的可持续发展理念，和以成本－收益核算为核心的衡量经济增长的价值观。我们可以把上述理念与价值观概括为科学发展观，但不能由此说"速度深圳"不是科学发展观。因为，对一个民族而言，要完成由普遍贫穷向共同富裕的转变，"速度"（经济总量的迅速增长）是首先的选择，也是科学的选择。

其实，"效益深圳"还包含了一个更重要的内容，那就是社会发展不仅要向资源使用要效益，而且还应该向制度要效益。制度作为一种资源，具有"制度资本"的特质——保障社会秩序和效率，降低交易成本和风险。如果从这个角度来理解"效益深圳"的口号，我们完全可以站在一个全新的角度来重新诠释"速度深圳"和"效益深圳"：如果说"速度深圳"是对"发展才是硬道理"时代深圳人"敢闯"和创新精神的最形象的概括，那么"效益深圳"则反映了这样一种情结，即随着中国社会市场经济的普遍推开，曾作为特殊政策产物的特区在"逻辑上消失"之后，深圳人期望以"特别之为，立特区之位"，以制度创新的胆识和勇气使改革创新成为深圳永远的精神。

因此，我建议，尽量淡化"历史性飞跃"这一无论在理论和逻辑上，还是在现实中都充满了混乱、错误和矛盾的提法，突出经济增长方式的转变，更不要把"效益深圳"作为高于或优于"速度深圳"的理念加以提出。

（2005 年 4 月）

把改革、开放与创新的旗帜
更高地举起来

苏东斌[*]

关于中国经济特区还要不要"特",以及还能不能"特"的问题,在经历了三次大辩论之后,今天该做历史结论了。

先后发生在 1995 年、2002 年的两次争论,都因到底能否坚持住特殊而优惠的政策使正方一再处于被动守势的尴尬境地。而今天,当深圳市委力排众议地宣告所谓"特区"就是指"特别能改革、特别能开放和特别能创新的地区"的时候,终于因能够主动出击而画上了一个圆满的句号。因为在这里,特区概念的内涵已经由一个"实体"转换成一种"精神"了。而一旦转换了特区的概念内涵,那么特区概念的外延也便随之缩小了。这一概念上的深化,会使任何反方都悄然失语。

20 多年来,深圳靠着邓小平理论和"三个代表"重要思想所赋予的特殊体制(针对当时内陆实行的计划经济体制而言)和优惠政策(如 15% 所得税率)不仅"杀出了一条血路",而且成长为综合竞争力全国排名靠前的城市。

总结起来,经过 20 多年的改革开放,深圳人为中国、为世界做出了自己的贡献。第一,深圳贡献了一个新体制:通向强国富民的具体的社会主义市场经济体制。第二,深圳贡献了一种精神:敢闯敢冒的创新精神。

这样说来,作为中国经济特区的代表作之一——深圳的耀眼处,并不是地王大厦式的耸入云天的那片现代建筑群,也不是深南大道上红花与绿草相映的那道风景线,而是在邓小平理论旗帜下培育出来的、敢于创新的深圳人,这才是完整而深刻的深圳,这才是准确而全面的特区,这才是这座神奇

---

* 苏东斌,时任深圳大学中国经济特区研究中心教授。

城市的灵魂与魅力。它的作用与意义早已超越了深圳的时空。

而在 20 多年后的今天，当全国从 1992 年起都把建立社会主义市场经济体制当作改革开放的基本目标时，对于深圳来说，"特殊的体制"就不存在了。当近年来中央一再强调公平的市场竞争的时候，对于深圳来说，"优惠的政策"也基本不复存在了。那么，深圳到底还能靠什么来保持特区的称号呢？

深圳市委旗帜鲜明地提出："深圳的定位就是改革创新"，"改革创新是深圳唯一可以选择的道路"，"改革创新是我们最好的道路"。正是在这个意义上，中央才能承诺："特区建设与发展将贯穿于改革开放和现代化建设的全过程。"也正是在这意义上，市委才能号召："珍惜特区的牌子，高举特区的旗帜，戴牢特区的帽子。"这就是说，我们要"珍惜"的就是 20 多年特区改革开放光辉历程这块牌子；我们要"高举"的就是作为特区根本动力的改革开放这面旗帜；我们要戴牢的就是象征着改革开放的特区精神这顶帽子。

归根结底，特区还要"特"，是因为改革开放与现代化建设当然需要这种精神；特区还能"特"，是因为深圳具有其他地区无可替代的精神积累优势。

显然，此时此刻的关键已经不再是还要不要"特"以及能不能"特"的问题了，而是如何真正去落实市委这一庄严的号召。因为，不是任何意义上的社会变动都可以称为"改革"，只有朝着而不是逆着经济市场化和政治民主化目标前进才可以称为"改革"；也不是任何意义上打开了国门的政策就叫"开放"，只有卓有成效地抵制反文明的污泥浊水同时认真吸收外国先进经验的方针才叫"开放"；更不是任何意义上的另辟蹊径都叫"创新"，对于中国的现代化而言，只能新在发展道路上，而不能新在发展目标上，只能新在风格形式上，而不能新在否定"国际惯例"的基本准则上。对于这所有的一切，今天的深圳虽有优势却无任何垄断权。深圳既不能永远做"经验批发商"，也不是唯一的"法定创新区"，所以只有"以特别之为"，即更高地举起改革、开放与创新的伟大旗帜，才能"立特区之位"。由此可见，深圳市委今天所说"特"字的本质并不是"特殊"而是"更加"，所以建议宣传的重心还是要转向"更加"的内容，即改革、开放与创新。

（2005 年 4 月）

关键在于落实

苏东斌[*]

当深圳市委旗帜鲜明地提出"深圳的定位就是改革创新","改革创新是深圳唯一可以选择的道路","改革创新是我们最好的道路"的时候，就已经把特区概念的内涵转换了，把特区概念的外延缩小了。这就在讲政治的大前提下，把逻辑关系也理顺了。这就等于给长期以来关于特区还要不要"特"以及能不能"特"的争论，做了一个历史性总结。显然，现在的关键问题是如何来认真落实市委的这一庄严号召。

为此，我提出三点建议。

第一，健全运行机制，保证政令畅通。

改革创新的前提条件是有一个权威的政府。深圳实施的"净畅宁"工程成功的经验证明，在经济转型时期，在法治尚不健全的状态下，仅凭信息不对称一项理由就足以确立权威政府。几年前类似整治为什么收效甚微？我认为不是政府没有决心，而是因缺乏健全的机制而使政令堵塞。"净畅宁"工程的真正矛头并不是"脏乱差"本身，而是背后的某些人的权力与利益。于是，人们逐渐认识到，基本制度决定并不等于具体机制的形成。只有能自动维持正常运行和充满发挥预期功能的配套制度才能形成相应的机制。作为主要内容除了有完整配套的制度体系外，还必须有一个推动制度后运行的动力源泉。显然，这种源泉又来自对自身利益的获得，所以政府行为的重点是如何去调动人的积极性，使其既冒风险投入又敢于监督裁决。只有这样，市委市政府才不是某些人讨价还价的交易场所，也不是平衡不同利益集团的仲裁人，而是一个指挥中心，一个绝对的领导者。这种机制允许不同的创造性思

---

* 苏东斌，时任深圳大学中国经济特区研究中心教授。

路存在，但不允许对政令的雷打不动，更不允许偷梁换柱。责任到人，一追到底，只有政令畅通，才能遏止体制内失控。有这样的执政能力，才有真正的权威政府。

第二，严防政府错位，坚持市场取向。

改革创新的重要内容对于深圳来讲，仍然是对国有企业的改革。据悉，市国资委近期规划：从明年开始，深圳国有经济的布局调整战略重点将由"以退为主、进退兼顾"向"以进为主、适时调整"转移，做大做强八大产业集团（分布于能源、物流、港口、燃气、机场、公交、地铁等领域）。我认为，在贯彻这种思路时，应认真吸取七年前关于组建六大创百亿集团失败的沉痛教训。

学术界早已达成共识：市场经济与计划经济最本质的区别在于资源配置的主体与方式上。计划经济体制资源配置的主体是政府，其方式是计划和命令。而市场经济体制资源配置的主体是企业（以及个人），其方式是价格与市场。区分的关键在于企业是否有独立的决策权以及价格在资源配置中的作用。如果地方政府企图在一切控制国计民生的领域居于垄断地位，尤其企图以资产重组和资本运作的名义来取代"看不见的手"——市场对资源配置的作用，进行全面的产业结构安排，那恐怕就是角色的错位。政府的基本角色是创造良好的市场环境。"净畅宁"工程为什么获得那么高的评价，因为它绝不仅仅是城市的清洁运动，而是政府在创造投资的经济与文化的良好环境。

国有企业改革的艰难度并不在于种种操作技术方案的选择上而在于弱化体制内的垄断利益和特权地位上。改革开放20多年后的今天，利用计划与市场两种体制摩擦而形成的某些既得利益集团，并不希望退回保守的计划经济体制，因为那将失去金钱，但同时更不希望改革深化与创新的形成，因为那将被剥夺特权。所以，对于国企的改革，国资委必须排除干扰，必须坚持社会主义市场经济体制的根本取向，毫不动摇地运用市场的力量去培育企业集团。华为、中兴如此，其他企业亦是如此。

第三，壮大社科队伍，贯彻"双百"方针。

改革创新需要智力支撑，无论是中央的号召，还是市委的决策，最终都要落实到全社会的行动上。而行动又必须建立在高度共识之上。这就不仅需要丰富的经验积累，更需要正确的理性思维。因为，不是任何意义上的社会变动都可以称为"改革"，只有朝着经济市场化和政治民主化前进，才能够称为"改革"；也不是任何意义上的打开国门就可以称为"开放"，只有在抵制反文明的污泥浊水的同时，认真吸取全人类的先进文化，才能够称为"开放"；更不是任何意义上的另辟蹊径都可以称为"创新"，只有既保持风格、特性又接受国际惯例的新思维与新行动才能够称为"创新"。

这一系列与时俱进的更新，在相当大程度上要靠社会科学工作者的推动。而深圳的社会科学队伍的现状则存在三个不适应：与深圳的经济社会发展速度与水平不适应；与承担中央、省委、市委对深圳寄予的重任不适应；与其他省份社会科学的规模与质量不适应。

北京、广州等外地学者虽然常常能够高屋建瓴，但不一定能够做到对症下药。由于我们深圳既不能永远做"经验批发商"，又不是唯一的"法定创新区"，所以只有"以特别为首，立特区之位"，才能从根本上扭转深圳社会科学极为薄弱的局面。总之，为了加强决策的民主化与科学化，必须排除构成决策所需要的智力支持的体制性障碍。

（2005 年 4 月）

和谐深圳首先应是安全深圳

高兴民[*]

经过 25 年高速发展，深圳的经济取得了举世瞩目的成绩，但社会的发展严重滞后，存在经济与社会发展"一条腿长，一条腿短"的不和谐问题。

在大力倡导构建和谐深圳的今天，深圳有许多事情要做，但首要的任务应是解决社会治安问题。

美国人本主义心理学家马斯洛的需求层次理论认为：人的需要按照发生的顺序，由低级到高级呈梯状分五个层次，即生理需要（如衣食住等），安全需要（如人身安全、职业安全、经济安全等），社交需要（如友谊、情感、归属等），尊重需要（如自尊、能力、权威、地位等），自我实现需要（如胜任感、成就感等）。人们各个层级的需要可同时存在并同时发挥作用，但在某一特定时期总有某一级的需要发挥独特的作用并处于主导地位，其他需要则处于从属地位。

深圳人的需求层次已发展到以第二层级为主的阶段。在深圳人吃穿"无忧"的今天，这"无忧"中潜伏着诸多的"忧"——吃的是否有毒？穿的是否有假？住的是否有害？以及其他社会治安问题。这些问题不解决，这一层级的其他安全问题，诸如职业安全、经济安全等更无从谈起。

科学发展观告诉我们：经济与社会发展的出发点与落脚点是人，也只能是人，即以人为本。只有满足深圳人对安全的需要才能算是真正的以人为本，才算是科学的发展。

另外，社会发展是经济发展的环境和条件，经济发展离不开社会。很难

＊ 高兴民，时任深圳大学中国经济特区研究中心教授。

想象有人愿意到不安全的地方去投资、消费……而文化的繁荣则应是深圳发展的最高目标。

（2005 年 4 月）

此招不可取！

苏东斌[*]

《深圳商报》2005 年 4 月 16 日报道，深圳少年科学院选出 27 名小院士，最大的 17 岁，最小的 11 岁。

我以为，正式成立"少年科学院"的动机是极好的，但不必评选"小院士"，理由如下。

一是无论是中国科学院院士还是中国工程院院士都有具体的极高的入选标准，本身都是严格的科学行为。

二是不存在以年龄划分的少年"小院士"和青年"中院士"和高龄"老院士"之说，否则全国就乱套了。

三是结果甚至与动机相违，因为在"小院士"名称重压下，会产生各种恶果，"小院士"和"少年先锋队队员"完全不是一回事。

四是培养爱科学的小孩与少年科学家的途径多得很。

救救孩子！！

(2005 年 4 月)

---

* 苏东斌，时任深圳大学中国经济特区研究中心教授。

科学发展观不应该脱离
"科学政绩观"

陶一桃*

科学发展观不仅是一个经济发展的理念，而且是一个社会人文理念。它要求一个社会要做到经济的增长与福利的提升的统一，物质生活的富有与精神道德上的尊贵的统一，眼前利益和长远利益的统一，同时要学会分享，使社会经济的发展进入"万物并育而不相害，道并行而不相悖"的阶段。

如果说，改革开放初邓小平同志提出的"发展才是硬道理"是针对传统体制下"革命向前进，生产长一寸"的极左的意识形态而言的，那么科学发展观则是为了矫正改革开放 20 多年来，在某种程度上对"发展才是硬道理"口号的极左而教条的理解，和由此形成的为发展而发展，为数字而发展，甚至把数字的简单上升视为发展的"盲目发展观而提出的"。从理论上说，由于财富的增长并不意味着社会福利的必然的同步增长，所以关注 GDP 的同时，政府必须关注社会总福利指数的提升，关注公平与效率的关系问题，关注两极分化的问题，注重各阶层的平衡发展和实现更加广泛意义上的共同富裕。也正是从这个意义出发，我认为，科学发展观要求我们的社会要同时确立"科学政绩观"。GDP、经济增长速度是一方政府的"政绩"内容，但绝不应该是官员政绩的全部，甚至是唯一。经济指标本身绝不是经济发展的最终目的，经济增长的结果应该包括一方百姓福利的提升，而不能只是一方官员职位的提升。如果一方面强调科学发展观，另一方面依然坚持传统的政绩观，就会形成"奖赏"的标准（"传统的政绩观"）与"奖赏"的内容（科学发展观）不相符的情形。当奖赏的标准与奖赏的内容不相符时，人们会理

---

* 陶一桃，时任深圳大学经济学院党委书记、教授。

性地放弃"内容",而去追逐"标准",科学发展观完全有可能在实践中毁于"传统政绩观"之手。

另外,对任何社会而言,开放都是要支付成本的,经济也要考虑增长的代价。因为,并不是所有增长的最终净收益都为正。当为创造财富所消耗的资源比创造出的财富多得多时,当一定量的财富的创造要消耗过多的社会资源时,人类就会进入以增长财富的方式来减少财富的误区。因此,科学发展观不仅要求人们摒弃"急功近利"的短视行为,而且尤其要求政府官员反思"不惜一切代价谋发展"口号的正确性。如果摆脱了作为科学发展观重要保障的"科学政绩观"的约束,科学发展观本身完全有可能沦为口号。

我建议,在宣传口径上,要与强调科学发展观一样强调"科学政绩观",并将"科学政绩观"真正纳入科学发展观的内涵之中。

(2005 年 4 月)

党员不能评"星级"

陶一桃[*]

  近日有报道称，我市某区街道党组织为配合保持共产党先进性教育，创造性地开展了"星级党员"的评比活动：根据积分高低，评选"星级党员"，最高的是五星级，而且还准备每三年评选一次金、银、铜奖。积分的规则为：提出一条合理化建议积1分，捐钱、捐物满100元积1分，义务劳动1小时积2分，获区级表彰积20分，获市级表彰积40分等。

  应该说，此"创举"的动机是非常好的，但评选"星级党员"的做法不仅不科学，而且还会产生意想不到的负面效果。

  一是尽管"星级"的概念在许多场合已被人无端地、不假思索地扩大使用了，但是在有些地方和情形下，"星级"的概念是无论如何也不能使用的。如不能根据政府职能部门服务的好坏评星级厅局，不能根据士兵表现的积分来评星级士兵。这不仅仅是因为不科学，而且更重要的是有失庄重和威严，同时也破坏了固有的境界和精神。党组织不是酒店，党员不能评"星级"，更何况党员的标准是唯一的。

  二是从积分的规则来看，不是提高了对党员的要求，而是降低了对党员的要求。提合理化建议，参与慈善活动和义务劳动，不仅对一个共产党员来说不是一种附加的、额外的高尚，而且对一个公民来说也应是基本的素养。再者以捐钱、捐物来换取积分完全有可能走向"买积分"的歧途。可以说，积分的规则把所有党员都应具备的境界和情操变成了一种奖赏的理由；把普通党员本应具有的好品格，变成了个别党员才可能具备的优秀品格；把共产党员分内的事变成了"额外"的，甚至可以用来换取政治资本和荣誉的事。

因此，"星级党员"的"创举"错不在用意，而在于理念，而且积分规则本身就不够"星级"。

三是一个共产党员的行为应该是既有目的性，又无目的性的。所谓有目的性是说要牢记自己是共产党员，并按照党员的标准要求自己；所谓无目的性是说共产党员要将自己本应具备的思想品格和素养成一种生活方式和行为方式。同时，我们需要奖励优秀的党员，但绝不能把奖励带入功利的轨道。当明确地把一种行为与荣誉或利益联系起来，并以制度化的方式实施时，难免使人们忽视行为的内涵而单纯追求行为本身，结果就会为荣誉而荣誉，为积分而积分，甚至为了获取积分、获取荣誉而不择手段、弄虚作假。因此，热情是一回事，科学的态度和观念则是另一回事，并不是所有的热情都是科学的。

建议取消评比"星级党员"的做法，更不要在全市范围内推广此项"创举"。

(2005 年 5 月)

经济特区研究需要找准突破口

曹龙骐　郭茂佳*

经济特区研究目前正处于一个重要的历史转型时期，它既要追踪国际经济学界过去几十年甚至几百年积累的研究成果和预测其发展前沿，又要研究经济特区自身运行规律，其艰难程度可想而知。许多问题不仅是有待深入研究，甚至根本就是有待研究。要想在预期的时间内对所有的经济特区问题都进行深入研究，并取得突破性成果，是不切实际的。笔者认为，近期可将研究重点放在三个方面。

第一，特区市场资源配置机制问题。无论是评估特区以往的改革路径和目前的改革措施，还是提出新的政策性建议，市场作为资源配置机制问题，都应该是研究的基础，并且由此可以延伸到对特区产业结构、城市化、区域化等问题的研究。

第二，特区企业改革问题。经济特区是靠企业来支撑的，企业组织机制和活力关乎特区的现在和将来，特区企业改革问题理应成为特区经济研究的重点。可喜的是，随着博弈论、信息经济学、契约理论等的发展，现代企业理论研究已集中到对企业内部经理层、大小股东和其他利益相关者之间的利益冲突和调节机制的分析，已发现了很多公司治理结构的规律，如果以此为切入点，特区经济学最有可能在企业产权和治理结构问题的研究上率先取得突破性进展。

第三，政府行为及其对经济特区影响的问题。由于政府行为及其对经济特区的影响既是经济特区转轨中最突出的和最受关注的问题，也是经济特区

---

* 曹龙骐，时任深圳大学中国经济特区研究中心主任、教授、博士生导师；　郭茂佳，时任深圳大学中国经济特区研究中心教授。

发展中带有普遍性的深层次问题，因此政府行为及其对经济特区的影响问题自然应该成为未来特区经济学的一个核心内容。并且，还可带动和刺激其他相关领域，如政府行为与财政体制、政府行为与法律体系、政府行为与金融监管体制、政府行为与融资体制、政府行为与企业制度等的研究。

（2005 年 5 月）

保持共产党员先进性
不是学雷锋做好事

陶一桃[*]

随着保持共产党员先进性教育的逐步深入，不时可以看到各类媒体关于党员干部的先进事迹的报道。在诸多相关报道中我们不难发现，访贫问苦、做好事之类的报道特别普遍，尤其是在对优秀党员干部事迹的报道上。这里并不是说访贫问苦、做好事不值得提倡、表扬，而是说，对于党的干部而言，仅限于做好事是远远不够的。因为这不仅会降低党的使命，而且还会造成对共产党员的责任、作用的狭隘的理解，使党员，尤其是党的干部的自身素质和素养的提升流于形式、陷入平庸。

首先，中国共产党是唯一的执政大党，对于执政党的要求不仅包含道德，而且必然包含政治素养和执政能力。从这个意义上说，尽管好干部应该是一个好人，但好人不一定必然是一个好干部。同理，劳模也未必就一定是一个优秀的党的干部，它们各自拥有自己的衡量标准。因此，在实践中，一方面不能简单地把好人、劳模的标准作为评定优秀党员干部的标准，另一方面党员干部本身也不能仅限于做好人、当劳模。如果说没有德行和敬业精神，就不能称其为共产党员，那么仅限于做好人、当劳模也绝不能算作一个优秀的党的干部。如果党的干部仅限于做好人，把自己"混同"于一般的劳动模范，这不是一种荣耀，而是不称职。

其次，保持共产党员先进性教育当然包括对党的优良传统的继承，但也绝不是对"小米加步枪"的简单回归。先进性是具有时代性的，今天所谈的共产党员的先进性，绝不能脱离先进生产力和先进文化的内涵。因此，对党

---

* 陶一桃，时任深圳大学经济学院党委书记、教授。

员干部来说，不仅要做好人，而且更要做一个有能力、有水平的好人；不仅要有好心，而且更要具备做好事的本领和能力；不仅要有热情和干劲，而且更要具有政治素养和智慧；不仅要宽厚、谦和，而且更要拥有处理问题的能力与艺术；不仅要有联系群众的愿望，而且更要富有人格魅力和感染力。尽管人们常说榜样的力量是无穷的，但党的干部只做"榜样"（好人、劳模），而不具备与其职位相称的政治素养和执政能力，他们的力量也是有限的。

最后，并不是所有的"做好事"都是做"好事"。在一个文明、法制的社会里，做好本职工作是每一个人最根本的职责和最高的道德境界，党员干部也不例外。做不好本职工作是不称职；本职工作做不好，而又一味地追求所谓的"好事"则是失职；把别人的本职工作当作自己的"事"来做，那是侵犯了别人的权利。

建议在对优秀党员干部事迹宣传报道中，减少"好人好事"的内容，突出政治素养和执政能力与水平的提升，真正提高我们的学习能力。

（2005 年 5 月）

特区发展需要造就自己的经济学流派

曹龙骐　郭茂佳[*]

回顾历史，西方发达国家的经济大船之所以能够一次次顶风破浪，不断向前，其中一个重要原因，就在于继亚当·斯密和马歇尔等人创立西方古典经济学派之后，涌现出了种类繁多的现代经济学流派，如有以杰出代表人物而闻名的凯恩斯学派，有以研究领域而著称的货币学派，有以大学命名而令人景仰的剑桥学派，有以城市著称而威震四方的芝加哥学派，有以原理推论而显赫的边际效用学派，有以研究方法而另辟蹊径的行为学派、数理学派等，不胜枚举。

同理，奋勇前行的经济特区，作为中国经济建设的排头兵，也需要有自己的经济学流派。经济学理应成为特区人文社会科学领域中的一门显学。研究推动特区经济发展的新思维、新战略是特区经济研究工作者的第一课题，不仅在特区的大学和研究机构中需要为数众多的学者从事特区经济学研究，而且在特区的一些部门和企业中也理应有自己的首席经济学家。

随着时代的变迁，特区经济学研究已今非昔比，形成自己经济学流派的必要性超过了过去任何时期。

其一，经济特区研究的内涵变了。当今时代，已赋予特区以新的内涵，今日之"特区经济研究"与昨日之"特区经济研究"已有很大不同。"特"已不是体现在特殊的经济政策上，而是体现在"特别能改革、特别能开放和特别能创新"上，这些新内涵，对于经济特区理论工作者来说，无疑是全新的课题。

---

* 曹龙骐，时任深圳大学中国经济特区研究中心主任、教授、博士生导师；郭茂佳，时任深圳大学中国经济特区研究中心教授。

其二，经济特区研究的重点变了。按照科学发展观的要求，经济特区研究要把重点放在构建"和谐特区""效益特区"的发展目标和发展思路上，放在如何解决经济特区运行中的深层次矛盾、消除经济特区发展的体制性障碍和构建经济特区协调发展的制度性保障上。从经济学原理分析，制度创新和技术创新这两大因素互动配套，既是推动经济增长的主要因素，也是难度最大的因素。

其三，经济特区研究的任务更重了。探索经济特区效益和速度有机结合的方法要比单纯探索经济特区增长速度的方法工作量更大，对研究的广度、深度的要求更高，仅用过去的思维方式和论证推理已不足以满足新的需要。

其四，理论指导实践的压力更大了。用科学发展观来给特区定位并指导特区的发展，不仅要善于在特区的实践中不断总结正确的理论，而且要用理论指导实践，使特区真正起到"排头兵"、"试验田"和"窗口"的示范作用。特区经济理论如果不能引领特区经济发展走在全国的前列，既是特区经济理论工作者无能的表现，更是莫大的耻辱。

由此，我们认为，为适应形势的发展，需要透过特区经济学流派这个平台去进行学术争鸣和交流，以带动特区学术精英的成长，充分发挥特区经济学者的创造力，努力为特区经济增长和社会进步提供必要的理论营养。

（2005 年 5 月）

一件小事

苏东斌[*]

近几年来，在深圳大学正门口，立了一个小牌："出租车禁止入内"。于是乎，无论是校内的教职员工，还是来访的客人，凡是乘出租车来的，都要刹车下人。偶尔只见极少数人可在门卫的默许下进入，真可谓"皇恩浩荡"了。如问门卫："这是哪个皇帝决定的?!"门卫则明确回答：是领导的指示。

我根本就不相信这真是深圳大学的书记校长做出的既违反宪法又侵犯人权的荒唐规定，显然是有人捣鬼，故意损害领导威信。在"以人为本"的今天，必须立即取消这一条违法行为。本来，高等院校既非军事要地，又非私家园林，任何人都无权禁止出租车入内。如果只给有公车的官员、有私车的富人进入学校的特权，那就从根本上违背了和谐社会的要义。

出租车可以进入校园绝不是领导的恩赐，而是公民的权利。我党干部必须牢记胡锦涛总书记的"权为民所用"的教导。

第一，管理大学和管理兵营是两回事；第二，法治与人治有根本区别。仅仅是一件小事，就足可反映出执政能力的水平。

所以，我建议，凡是有类似现象应立即改正，否则只会使自己很被动、很麻烦、很难堪。

(2005 年 7 月)

---

* 苏东斌，时任深圳大学中国经济特区研究中心教授。

对"区域性金融中心"提法的质疑

曹龙骐[*]

近几年,"金融中心"成为时髦语,如"国际金融中心""全国金融管理中心""区域性金融中心"等。其中,以"区域性金融中心"称谓最多,随便数数,全国起码有二三十个市提出要建立"区域性金融中心"。

所谓"区域性金融中心",顾名思义,即指某市金融业的扩散及影响面以某一区域为界线。且不究其区域之大小难定,但有一点可以肯定,它比"国际金融中心"小,比某市地域要大。一种惯常的心理偏好是:不管多"大"多"小",总亦能称得上是一个"中心"。

我对这一提法存在以下几点质疑。

其一,随着世界经济一体化和金融全球化,以及科学技术特别是电子计算机技术的发展,金融业经营的特殊商品——货币所具有的极强的流动性和增值性特征以及20世纪21世纪之交金融功能的变革使金融业主要成为资源优化配置产业,在金融业务拓展中,只要符合风险最小化和盈利最大化原则,其经营和辐射范围是完全可能和可以突破所谓区域界线的。

其二,直面中国加入WTO后金融业面临的挑战,国外金融"巨无霸"的挥师直入以及国际金融霸主的垄断态势提示我们如果不着眼于"做大做强"去面对现实,而各自立足于某个区域去谋求运作,必然失去应有的战略胸怀和可持续发展机遇,搞得不好,还会因"各自为政"而陷入"区域封闭"和"相互抵消实力"的被动局面。

其三,历史发展经验表明,经济发展固然是创建"金融中心"的一个基础性和前提性条件,但并非经济快速发展的某市就能称得上"金融中心"。

---

* 曹龙骐,时任深圳大学中国经济特区研究中心主任、教授、金融学博士生导师。

"金融中心"的一般性特征有三个：都市；金融机构和金融市场群集；各种金融活动活跃、交易市场兴旺发达。香港之所以能发展成国际金融中心，因为它具有金融中心形成的四个必备条件：①时处优势，即处于有利的时差位置；②地点优势，即处于经济高速发展的亚太地区；③具有交通、通信等发达条件；④特区政府的自由经济政策。当然，在全球金融业竞争加剧的情况下，重要的还要看在金融体制、金融产品、金融工具、金融监管等方面的创新程度。

由此我认为，"区域性金融中心"的提法与当今金融全球化的趋势、金融功能的变革和金融中心的创建条件有较多相悖之处，且大家都称"中心"，实际上也就无"中心"。从实事求是的态度出发，还是提"金融立市"或"要充分发挥金融业的先导作用"更实际，也更实在。

（2005 年 7 月）

还是很艰难

苏东斌[*]

读了温总理 2005 年 9 月在深圳发表的在中国经济特区工作会议上的讲话，还有另外的一点心得。

其一，讲话表明，中央既放弃了进一步兴办如美、日、俄式"世界性经济特区"的战略构想，又未满足深圳特区拓展范围的要求；既未考虑提升深圳为直辖市的地位安排，又未想再做任何政策上的优惠规定。

其二，讲话中显示的"三个不变"，仅仅具有象征性的政治意义。因为一切都在与时俱进，在全国统一市场经济中难道会允许低税率永远不变吗？难道还会永远保留周围的铁丝网关口吗？

其三，必须正确理解讲话中关于经济特区的基本内涵是"创新"。第一，从时间上看，它仅仅肯定了深圳的昨天，并未保证深圳的今天，对于明天，还只是一个希望，并非完成了的现实。第二，从地点上看，这一内涵不仅适用于深圳，同时也适用于上海、北京、广州。

其四，我以为，讲话是用一个一般性的号召对待一个特殊的对象，其实质是说：深圳的同志们，你们自己放手干吧！（因为已经任命了中央信任的市委书记和市长）

其五，又干什么呢？凡是深圳现代化所需要的，凡是中央尚未明确禁止的都可以干。

那么，凭什么干呢？只能凭 25 年来的物质积累，凭 25 年来的精神积累。

其六，然而，前进还是很难的。因为，一是特区建立 25 年后，外围的对象几乎都"扫荡"完毕，剩下的都是触及产权、人口等核心利益的领域。二

---

* 苏东斌，时任深圳大学中国经济特区研究中心教授。

是今天的经济特区，尤其是深圳，在改革、开放、创新方面已经不再具有唯一性和垄断权，它不可能永远做"经验批发商"。三是改革的主体呈现了自身的阻力，所要面对的不再是拓荒牛时代的一穷二白的土地，而是因主客观因素所形成的某种既得利益者的障碍。其中的难度，并不在于若干操作技术方案的选择，而在于弱化体制内的垄断利益和特权地位。今天，因计划与市场两种体制摩擦而形成的某些既得利益者并不希望退回到计划经济体制，因为那将失去金钱，但同时更不希望改革深化，因为那将被剥夺特权。

其七，显然，这一说法、这一定位，将严厉地考验深圳人民，尤其是领导干部，特别是市委市政府主要负责同志的革命胆略（主要指不怕鬼）、现代智慧（主要指有大手笔）和执政艺术（主要指协调关系，至少保住"乌纱帽"）。

所以，对深圳的未来不可盲目乐观。

（2005 年 9 月）

必须全面、正确地评估
人民币升值对深圳的影响

曹龙骐*

深圳是一个出口导向型城市，也是一个对外依存度相当高的城市。外贸出口连续 12 年居全国首位，2004 年出口额达 778.5 亿美元，占全国的七分之一。累计实际利用外资达 398 亿美元，世界 500 强企业已在深圳投资的有近 100 家。

从理论上分析，人民币升值：一是影响出口；二是减少外资引入；三是增加就业难度；四是加剧人民币升值预期。由此推测，此次人民币升值对深圳弊多利少。但我认为单用这种静态的、短浅的目光去看问题，是极其片面的。要知道此次人民币升值重在完善"汇率机制"，重在建立"长效机制"，这些对一个外向型城市的发展来说何等重要！

就人民币升值而言，确实会对深圳出口业务和引入外资产生一定影响，如果今后在人民币对外币值的有升有降过程中有升值的趋势，这种影响亦将越来越明显。但就目前来看，人民币升值对深圳的影响，还需要全面、正确地给予评估：

其一，所谓"升值打击出口"。首先是指一般贸易，而不是指加工贸易。深圳的出口业主要是加工贸易，可见对深圳的影响有限。

其二，所谓"出口顺差大"。主要是经常项目顺差，这是全球经济复苏、中国经济快速发展和服务贸易规模进一步扩大所致。还有，如果去掉财政"出口退税"和外商贸易部分，实际上的"出口顺差"要小得多。

其三，所谓"对外商投资影响"。一般而言，外商业务只有涉及用汇周

---

* 曹龙骐，时任深圳大学中国经济特区研究中心主任、教授、金融学博士生导师。

转资金部分才受升值影响，其余投资于国内的资金（包括厂房、机器设备及部分周转性货币资金等），不会受到多大影响。

其四，所谓"价格随升值变动"。首先，我国在金融市场和资本项目还未全面开放的前提下，国内国外市场相对独立，故国外升值不一定国内升值（实际上国内贬值）。其次，价格变动体现复杂的生产关系，往往还取决于一些非常规性因素。最后，我国采取的是自主性升值政策，价格波动会控制在合适范围之内。

总之，汇率政策受多种因素影响，各变量之间也存有互动或消长关系，需要从动态、环境、政策变化等方面进行科学估算和预测，以全面、正确地评估人民币升值对深圳的影响。

（2005 年 9 月）

正确对待澳门的博彩事业

苏东斌[*]

第一，能够正确对待澳门博彩业的发展是坚持"一国两制"伟大方略的一个证明。

澳门是中国的一个特别行政区，无论是基本法还是中央政府都明确规定与再三申明确保港澳的繁荣与稳定。

对所谓的资本主义生活方式是法律上的特许而不是人为的宽容，所以根本不存在博彩旅游业的发展是不是"道德"的问题。这里不仅反映了祖国的胸怀，更体现了中央的智慧。如果说"澳门最大的成就就是成功地实践了'一国两制'、'澳人治澳'、'高度自治'可以载入史册，为世界文明做出贡献"，如果说今后"澳门长期繁荣稳定至关重要"的话[①]，那么，动摇了澳门的博彩业也就从根本上动摇了澳门繁荣和稳定的经济基础。

第二，做大做强澳门博彩这一主导产业就是在优化产业结构。

对于现存的以博彩业为主导产业的经济结构，中央明确希望为了巩固"现有优势……要继续加强和完善对博彩业的管理"。[②] 这充分表明中央并没有削弱与更替澳门主导产业的宏观导向（2004 年澳门经济增长率为 28%，其中旅游和博彩增长率高达 40%[③]）。

澳门博彩业成长为主导产业是有其历史、政治与文化根源的。它是经济演进中的市场选择结果，而绝不是人为的计划安排。它的形成，演进的速度与方式以及结果，都是受历史制约的。正是由于过程惯性，所以澳门过去的

---

　*　苏东斌，时任深圳大学中国经济特区研究中心教授。
① 《人民日报》2005 年 3 月 7 日。
② 《澳门日报》2004 年 12 月 21 日。
③ 《澳门日报》2005 年 10 月 6 日。

选择在很大程度上决定着现在与未来的选择。即使在知识经济和全球化时代，澳门的产业结构也可能是家庭手工业（如手信）、使用无机能源的城市工业和后工业时代的资讯产业（包括现代博彩业）共存的多种经济类型、不同技术水平的多元结构。新制度主义的路径依赖显示了它的趋势，几乎是从哪里来也就决定了到哪里去。所以，即使政府有意适度降低其比重也需要一个符合自然规律的过程。

产业结构优化的标志不在于哪个行业的选择，而在于行业本身的质量。澳门优化服务业的意义绝不亚于其他地区大力发展制造业。

现阶段提出把澳门的博彩业做大做强的战略构想，其深层意义不仅在于目前只有它才能促进与带动澳门相关产业的发展，而且也在于只有使它具有集休闲、旅游、会展、博彩为一体的国际竞争力，才能从根本上扭转游客来源的取向，从而吸引大量的外国消费者。我们预测到，休闲娱乐业将成为重要新产业，甚至已经被认为将成为"第五次浪潮"。由于它体现了人们对未来不确定性的冒险精神，对追求"运气"的诱惑，所以也是一种特殊的文化需求。虽然博彩业既不创造物质财富，又不能创造精神财富，仅仅提供特殊消费与满足概率极低的暴发需求，但是它能转移财富。所以才发生消费者不仅心甘情愿地，而且还迫不及待地把货币（一般等价物）抛出，而政府也同时获得巨额税收的神奇现象。据统计，澳门2004年财政总收入为195亿元，取自博彩业的税收已达147亿元，占财政总收入的80%。由此可见，对于人口不足45万人的澳门来讲，其经济与社会意义可谓重大。

澳门与内地是祖国与地方之间而不是两个国家之间的关系。可以说，澳门的富强就是国家的富强，不存在此消彼长的相互对立的利益关系。难道今天还有谁去责怪湖南人来到广东消费吗?! 所以必须扫荡这种陈腐的对内开放的封建壁垒。从这一点上讲，澳门的利益也就是国家的利益。

第三，对于博彩这一特殊行业的负面作用，必须有治标治本的深化措施。

无论如何，博彩业本身毕竟是一种特殊的产业。由于它的收益（包括负收益）既不是靠诚实劳动，又不是靠培养的智慧，既不是靠人才天赋，又不是靠环境支援，而在很大程度上靠的是"运气"，所以，只要参与者越过了休闲娱乐这条底线（比如心理素质在某一可承受的范围），就难免引发大量的社会问题。尽管博彩业能够带来巨额的财政收入，但为了减少"病态赌徒"和引导青少年健康成长，防止社会冲突尖锐化，世界各国均对本地居民的相关行为加以适当的限制。这就既需要法治，更需要教育。总之，我们要正视博彩业这把双刃剑所造成的负面影响，就必须确认这既是这一行业所固有的特点，又是发展它所付出的无奈的代价。

至于配合内地的禁赌风暴，尤其是遏制内地官员的豪赌作为，不是要停滞甚至关闭澳门的博彩业，而是要在源头上分清"公款"还是"私款"，分清哪些人"可以"涉入而哪些人"不可以"涉入。只有形成政治体制执法执纪的刚性约束，才能使禁令成为高压线（据介绍，近十年中国在境外赌场输掉的赌本约 730 亿美元[1]，另据说大约有人民币 1700 亿元，其中流入澳门的有人民币 300 亿元[2]）。

发展博彩业本身毕竟还是手段，而目的是经济的增长与人民生活水平的提高（税收也是用之于民）。在这里，目的是永恒的，而手段则是多样的、多变的。绝不存在澳门的博彩业永远独大，也不存在博彩业中赌场独大的永恒状态。所以，不仅中央政府希望澳门"在巩固现有优势的同时，努力培育新的增长点，增强发展后劲"，而且特区政府也有适度降低博彩业在经济结构中的比重，从而倡导适度多元化发展的责任。不过这一切只能依靠市场过程，而不是计划过程。

总之，我以为，肯定澳门博彩业的发展也是对"一国两制"的考验。

（2005 年 10 月）

---

[1]（美）《华盛顿邮报》，2005 年 2 月 20 日。
[2]《澳门日报》2005 年 3 月 5 日。

关于在深圳设立"廉政公署"的建议

苏东斌[*]

近日，深圳市委提出"治庸计划"，掀起"责任风暴"。好得很！深圳市委认为：再激动人心的使命、任务，再好的工作思路、发展措施，写在文件上再好看，不落实也就等于一纸空文。而抓落实，关键在干部，特别是各级领导干部。从现在起，我们要以庸官、懒官、太平官、逍遥官为耻，在全市形成"官难做、难做官、做难官"的氛围。干部问题的要害，在于执政能力的高低，在于是否做到务实、团结、善政、廉洁。市委根据全市干部队伍的实际情况，旗帜鲜明地提出抓执行力建设，主要突出两个方面：一是责任制的落实；二是提高工作能力、治理平庸。[①]

我觉得，"风暴"既不能天天刮，"计划"也不能月月订。所以，必须大力抓制度建设，这才是治本之策，绝不是仅靠三讲两讲、先进性教育等运动性措施所能奏效的（当然我们也不能低估它们的作用）。所谓依法治国，其要害就是依法治官。而所治的官不仅指"庸官"，更指"贪官"，也指"俗官"。

可见，问题的关键并不在于执政能力的高低，而是权力的制衡与监督。这样，关键也就不是个人作风和品质，而在于制度的健全。一句话，是制度决定作风，制度创造作风。

香港"廉政公署"的作用在全世界早已被公认，所以，我建议，在我们深圳率先建立内地第一个新机构——"深圳廉政公署"。说到底，这并不是什么创新，而是一种学习。

（2005 年 10 月）

---

[*]　苏东斌，时任深圳大学中国经济特区研究中心教授。
[①]　《深圳特区报》2005 年 10 月 7 日。

深圳打造一流大学需要转变四个观念

郭茂佳[*]

深圳打造一流大学至少需要转变四个观念。

一是"没有数十年积淀产生不了一流大学"的理念。经常有人以深圳过于年轻为由，认为在深圳创建一流大学无异于天方夜谭。应该承认，一流大学的诞生与时间有一定的关系，但时间不是阻止深圳创建一流大学的唯一理由，一个突出的例子就是，香港科技大学创办仅有短短 10 余年的历史，但它已进入亚洲前十名大学的行列，其商学院更是排名全亚洲第一。可见，深圳在创建一流大学的过程中完全可以通过采用高投入的方法，打破过去一流高校的产生至少需要几十年积累的常规。

二是"没有一定行政级别产生不了一流大学"的理念。有人认为，深圳是一个副省级城市，在这样一种行政级别下，不可能诞生一流的大学。但确有大连的大连理工大学、青岛的青岛海洋大学、厦门的厦门大学等，在国内高校中已有相当大影响。

三是"打造本土一流大学不如外部引进一流大学"的理念。"十五"期间，深圳把打造一流大学的精力主要放在外部引进，即大学城的建设上，不仅无偿在南山区西丽镇辟出近 10 万平方公里的土地，而且无偿投资十几亿元建成了现代化的教学科研场所。然而，几年过去了，且不说大学城离"珠江三角洲高新科技研究集约地和创新基地，高层次科技创新人才、科技开发人才、高层次国际型财经金融和管理人才的培养基地，高水平的科研开发平台"的宏伟目标相去甚远，就是离"2005 年，在校生规模达到 1 万人"的基本目标也有相当大的距离。不仅没有在移植中产生一流大学，而且浪费了宝

---

* 郭茂佳，时任深圳大学中国经济特区研究中心教授。

贵的资源和时间。与其像"十五"期间那样借鸡生蛋，还不如实施本土化战略，将有限的资金放在打造本土一流大学，如深圳大学上。

四是"没有一流大学并不妨碍一流人才使用"的理念。深圳每年从市外引进近万名重点大学的毕业生，约等于建了两所重点大学，而建设两所重点大学每年需要投入的经费至少为 5 亿元，因此，与其自己办一流的大学培育学生还不如引进重点大学的学生。的确，在深圳经济发展优势凸显的前 25 年，这种观点不无道理。但时过境迁，一方面随着长三角、环渤海湾地区经济的提速，对人才的吸引力正呈日益上升的趋势，另一方面随着深圳生活费用的步步攀升，其对高层次人才的吸引力则呈现不断下降的趋势，这一升一降的结果，必然导致未来深圳高层次人才短缺。所以建议政府高度重视培育属于自己的一流大学。

（2005 年 10 月）

中国经济特区的生命力

苏东斌[*]

本来，"中国经济特区"的全称应当而且只能是实行"特别优惠经济政策的地区"（1980年中央文件）。所以，一旦取消了全部优惠政策，特区也就要在事实上被取消了。

但是，当时实行特别优惠政策的目的是冲破全国的计划经济体制。这就是说，它的性质是"市场经济一般"。

那么，当全国都以市场经济的确立而不是再以计划经济的完善为改革的目标时，中国经济特区的性质也就似乎不再具有"特殊性"了。

但是，我以为，问题的关键有两个。

第一，市场经济体制目标的确立和目标的实现并不是一回事，而且这一目标的实现在全国又绝对不可能同步进行。所以，只要全国经济转型尚未完成，特区26年积累起来的路径依赖就必然导致它继续"先走一步"。因为至少可以判断：全国计划经济体制并未从根本上消除，市场经济仅仅构建起了框架，即使在中国经济特区发展的典型城市深圳，也决不能宣称市场经济体制已经完全建立，更谈不上巩固。所以，邓小平所赋予的关于特区建立市场经济体制的使命还远远没有完成，更不要说其他什么新的使命了。

既然使命未完成，特区的存在就具有历史必要性。

第二，中国经济特区还能不能继续领先完成改革的任务，考验着领导者的执政能力。

我赞赏深圳市委面对忧患所提出的"特区就是特别能改革、特别能开放、特别能创新的地区"和"以特别之为立特区之位"等若干震撼人心的口

---

* 苏东斌，时任深圳大学中国经济特区研究中心教授。

号，虽然这在逻辑上已经发生了问题（因为它的内涵与外延都变了），但在政治上体现了领导者的智慧与苦心。

这也就是说，只要你还特别能改革、开放、创新，那么你就仍然是特区之人；只要这座城市仍然起到改革、开放、创新的重大作用，那么深圳就依然占据着特区的位置。

而这又只是一种可能性（因为不仅特区早已失去了改革、开放、创新的垄断权，而且特区人也不是一架专门改革的永动机和专门经营改革经验的批发商），而不是一个确定性的问题。

既然这里仍然会有改革、开放、创新的"大动作""大手笔"，那么特区的存在就具有现实可能性。

长期以来，国内外的学者（包括我自己）一直在追问：既然取消了优惠政策还叫"特区"干什么?!

今天，我终于认识到，这里有一个形式与内容的问题。

正如"共产党"的称号，当修改宪法确立保护私有财产条款的时候，当修改党章允许各级组织吸收优秀私营企业家入党的时候，这个党的性质能说一点未变吗？（这里专指为人民谋幸福的宗旨未变，但通过"共产"与"革命"的手段和方法变了）这种与时俱进的改变说明，名称有时并不重要。所以既然"特区"这一概念已经形成，而且由于上述两个理由还有存在的必要与可能，那么有什么必要非要宣布撤销"特区"这块牌子，而自找麻烦，引起混乱呢？

我们必须看到，特区的使命是体制的改革，而不是城市的发展。也正是从这个意义上讲，江泽民和温家宝才一再强调中国经济特区的存在"将贯穿于中国改革开放和现代化建设的全过程"。显然，这两个过程都有一个大体的时间表。我认为，只要中国社会的转型任务尚未完成，中国的经济特区就不会消亡，它至少还会存在20年。也就是说，中国社会转型成功之日，便是中国经济特区消亡之时。这是深圳的胜利，更是中国的胜利。

（2005 年 12 月）

少些"行动"，多些制度安排

陶一桃[*]

从旨在规范市场经济人行为的"清无行动"，到约束执政党行为的"廉政风暴"，再到为完善市场经济法制体系的"雷霆行动"，一年多来，深圳市政府以极大的热情和前所未有的力度在深圳市轰轰烈烈展开了一场接一场大规模的、行之有效的政府行动。应该说，市政府的行动，极具说服力地展现了特区政府的职业人素养和执政能力，并树立了政府的文明、开明的公共形象。从理论上说，相对于政府不作为，有行动无疑好于无行动；相对于政府失灵，有效的政府行动不仅好于无行动，而且还优于低效率的政府干预。因此，从"清无"到"廉政"，再到"雷霆"，不仅是深圳市政府有效的代理人行为，而且更是政府行为的最佳选择。尤其在市场经济体系尚不完善的今天，以强制性行政手段约束尚不成熟的经济人的急功近利行为，不仅是有效的，而且还是十分必要的。因为政府有目的、有目标的强制行动的快捷性和权威性，在客观上起到了强化社会规制，营造良好社会风气和氛围的效果。

但是，实行市场经济的社会是一个法制社会，法制社会是一个有秩序的社会，而有秩序的社会则是一个对每一个人的社会行为和经济行为的结果都有明示预期和自动反馈机制的社会。在一个有序的法制社会里，对不法行为的制裁，既不能是各类政府强制行动的结果，更不能主要靠政府的各种强制性行动来完成。因此，各类旨在完善市场经济体系、矫正市场失灵的行动只能是，并且只应该是政府的权宜之计，而绝不应该成为政府不断实施的经常性行为。一个只能靠政府有目的的、大规模的强制行动才能保障市场经济秩序的社会，必定是一个制度、法规缺失及社会机制不健全的社会。同时，如

---

* 陶一桃，时任深圳大学经济学院党委书记、教授。

果只热衷于行动的政绩和一时的成效而忽视常规、扎实的制度、规则、法律的营建及相关自动执行机制的强化的话，那么就难免会使社会进入一抓就紧、一放就松的恶性循环，从而无法最终走上秩序化的轨道。比"行动"更重要的是社会规制，正如比富裕更重要的是富裕后的文明一样。古罗马哲人说，"因为我们是完善的法律的奴隶，所以我们是自由的"。一个明智政府的重要而长效的职责是在全社会培养法律的"奴隶"，而不是成为简单的维持社会秩序的"别动队"。如果说今天的政府的"行动"是值得称赞的，那么持续不断的"行动"则是让人深思的。因为，今天的政府的"行动"可以看作对法制不健全的弥补，那么持续的"行动"则无疑是政府失灵的显露。我以为，如今"运动"风气，在政府行为中还没有被真正摒弃。似乎只有以作为运动的"行动"的方式来做事，才算领导高度重视。岂不知，强势政府的标志在润物细无声的自然般的征服力和把握力上。再者，是否考虑过政府"行动"本身的合法性问题。

建议少些"行动"，多些制度安排。

（2005 年 12 月）

还是要争论一番[*]

苏东斌[**]

今天，不讲中国举世瞩目的伟大成就，专谈中国社会当前确实出现的相当尖锐的矛盾：基尼系数接近0.5、工人下岗、农民失地、上学难、看病难、治安混乱、矿难频发，有些甚至威胁到执政的基础。我想，无论持哪一种观点的理论家都首先要正视、要面对这些严酷的事实。所以，那种判断中国社会已经进入"太平盛世"的媚俗话语是不应该受到赞扬的。

但是对于这类问题产生的原因，中国经济学界有着截然相反的解释。

近半年来，刘国光教授的旗帜被人举了起来，因为他断言：我们的问题在于在所追求的目标中，"社会主义讲少了，市场经济讲多了"。

我是很尊重刘老师的，清楚地记得1982年前后他因鼓吹商品经济而不得不在《人民日报》上所做的检查。但是，他今天的上述观点真的错了。

因为我们可以追问：您所说的"社会主义"到底指什么?! 如果是指公有制，那么改革开放前不是100%吗？这样充足的公有制，这样充分的社会主义还改什么呢？如果是指分配，那么为什么过去按劳分配这一唯一原则只能造成普遍的贫穷?!

邓小平一再说"贫穷不是社会主义""过去20年虽然搞了社会主义但事实上不够格""什么是社会主义，我们不是完全清楚""社会主义三十年后才定型"……这就是邓小平理论产生的历史背景，也就是"三个代表"重要思想引发出来的政策变动的基本根据。

其实，只要承认市场经济，就必须承认市场竞争，也就必须接受"一部

---

[*] 本文是作者在2005年广东经济学年会上所作讲演的第一部分。

[**] 苏东斌，时任深圳大学中国经济特区研究中心教授。

分人先富进来"这一事实；只要承认市场经济，就必须承认要素价格，也就必须接受"按要素贡献来分配"这一事实。可以说，这些都是市场经济的同义词，或者说是市场经济的正常结果。

我们必须明白财富是"创造"出来的，而不是"转移"过来的。减少广东人的收入，绝不能自然提高青海人的生活水平。所以，我们绝不能在治国方略上再举起"造反有理"的大旗，去鼓吹任何形式的"农民起义"。

我坚决地认为，问题的原因出在改革的战术上：第一，改革没有"深化"；第二，改革没有"全面"。一句话，还没有从根本上消除束缚社会发展的体制性障碍。

比如，当政府职能未转换时，就难以使国企走出困境；当资源价格仍被垄断时，就难以有市场的等价交换；当垄断无法受到监督时，就难以遏制官商勾结；当城乡两制执行时，就很难解决"三农问题"。这说明在改革中出现了某种形式的官僚资本、权贵资本，以及既得利益集团。这些人并不希望退回到计划经济时代，因为那样，他们将失去财富；但他们更不希望去深化改革，因为那样，他们将最终失去特权。由此可见，产权改革没有深化，政治体制改革没有真正开始，才是解决中国所有问题的总障碍。这恰恰是市场经济尚未到位、市场环境尚未改造所形成的。

本来，市场经济、民主政治、自由思想是三位一体的东西，既是社会主义的本质要求，又是马克思主义的核心的东西，可见，还是邓小平所肯定的"一个字也不能改"的党的十三大报告说得好：改革中的问题还须用深化改革来解决。

可以这样认识：除非宣布邓小平理论是错误的，除非宣布中国的改革开放犯了方向性错误，除非宣布"三个代表"重要思想是错误的，除非宣布"保护合法的私有财产"的宪法修正案是错误的，才能得出刘国光的上述结论。然而，真要这样做，饱经苦难的中国人民难道会答应吗?!

总之，我们是要坚持社会主义，但是只能坚持那种能够给中国人民带来自由、幸福、富裕的社会主义。任何相反类型的"社会主义"，我们宁肯少要一点。

（2006 年 1 月）

"稳定"不是"和谐"的同义词

陶一桃[*]

随着构建和谐社会理念的提出，关于改革、发展、稳定三者之间的关系不仅为学者所关注，而且尤其为政府官员所关心。26 年的市场经济实践，使包括贫富差距扩大化在内的社会矛盾，一方面作为原有体制的后遗症，另一方面作为市场经济体制不完善的结果都日益凸显出来了。所以，解决社会矛盾，寻求稳定似乎显得比发展本身更重要。而此时和谐社会理念的提出，又似乎在逻辑上告诉人们，稳定就是和谐。

首先，和谐的社会是一个稳定的社会，但稳定的社会未必就是一个和谐的社会。如改革开放前的中国，现今的朝鲜都是相当稳定的，但绝不能说是一个和谐的社会。如果说稳定的和谐是稳定的保证，那么和谐的稳定则是和谐的结果。因此，对稳定而言，真正有价值的是在什么基础上建筑的稳定，以及稳定是靠什么来实现的。

其次，稳定一定是和谐社会的结果，而非构建和谐社会的过程。如果承认改革、发展本身就是对原有均衡的"破坏"，就不可避免地带来社会的动荡和不稳定（事实也如此），那么"稳定是发展的前提"在逻辑上就是说不通的。因此我认为，如果一定要把"稳定是发展的前提"当作一种价值观来提出，那么就不能以简单的稳定来理解作为发展前提的稳定，而应该从改革、发展的角度来理解作为发展前提的稳定。所谓从改革、发展的角度来理解稳定的含义是：强调发展的方式、方法，以及在发展过程中迅速建立有效处理的、协调各种矛盾的社会制度和机制，使改革、发展的成本降至最低。另外，作为"稳定是发展的前提"的一种更为坚定的表述——"稳定压倒一

---

* 陶一桃，时任深圳大学经济学院党委书记、教授。

切"的提法更是不恰当，甚至是错误的。因为，"稳定压倒一切"只有在特殊情况下才成立，同时它还具有浓厚的"宁要社会主义的草，不要资本主义的苗"的色彩。然而，由于稳定对一个社会而言，不仅具有积极的政治意义和社会意义，而且还具有道德和情感上的征服力，所以，稳定很容易成为拒绝改革的冠冕堂皇的借口。

和谐社会绝不是一个没有矛盾的社会，而是一个拥有有效协调各种矛盾的机制的社会；和谐社会绝不是一个没有贫富差距的社会，而是一个能够通过健康、有效、畅顺的再分配机制充分实现社会剩余共享，从而缩小贫富差距，促进社会利益最大化的社会；和谐社会绝不是一个平均主义的社会，但一定是一个拥有平等精神的社会。因此，目前中国社会一切不和谐现象的出现与存在绝不是市场经济的结果，而是市场经济不完善的表现。以开放促改革，以改革促发展，以发展实现稳定才是唯一正确的选择。

建议政府官员慎用"稳定压倒一切"的提法，明确"和谐"与"稳定"之间的因果关系，既不要把稳定"泛"和谐化，也不能把改革、发展的"保证"即稳定作为拒绝改革、发展的政治借口。

（2006 年 1 月）

"增长" 不等于 "发展"

陶一桃[*]

今天的中国人几乎没有谁会对 GDP、人均 GDP 和经济增长率这些概念感到陌生，它们作为重要的经济指标和事实上的政绩指标早已被人们所惯用。对于习惯的东西，人们自然就不会去考究其准确性及恰当与否。

GDP 是一个经济总量的概念，它反映的是一个国家或地区的经济实力；人均 GDP 则说明的是一个国家或地区的富裕程度和生活水平；而经济增长率是指一个国家或地区，在一定时期内 GDP 增长的幅度。应该说上述三个指标是描述一个社会经济增长的非常有价值的指标，但三个指标本身并不能完全证明一个社会的发展水平及文明程度。然而，由于转型社会初期经济总量增长现实的必要性和目前政绩评价体系的要求，上述三个旨在反映社会经济增长的指标，在许多情况下不仅成为衡量社会发展的几乎唯一的 "指标束"，而且其政绩意义也远远大于它们所反映出来的经济意义。

无论从理论还是从实践上说，"增长" 与 "发展" 之间的关系都不是土豆与马铃薯的关系。"经济增长" 意味着更多的产出，指一个国家的产品和劳务数量的增加，或按人口平均的实际产出的增加。"经济发展" 则是伴随着经济结构、社会和政治体制改革的经济增长，它不仅意味着产出的增长，而且更重要的是它还意味着伴随产量增加的同时出现的产出与收入结构上的变化，以及经济体系、政治条件、文化条件的变化；它不仅意味着社会的富裕，而且更重要的是它还意味着在社会富裕的同时贫困和饥饿的消失以及与之相联系的文盲、疾病、夭折现象的消失；它不仅意味着物质的丰富，而且更重要的是它还意味着人的精神、权利、机会的平等，以及对人自身的尊重

和每一个人在社会公共选择中的表决、决策权利的给予；它不仅意味着个人福利的最大化，而且更重要的是还意味着在保证个人福利的同时，社会整体福利的提升，以及对社会剩余的分享。可以说"发展"要求产出的增长，它必然包括"增长"，但绝不等于"增长"。换句话说，没有 GDP 不行，但仅有 GDP 也不行，GDP 是社会发展的物质基础，但绝不是社会发展的终极目标。

由于事实上 GDP 和人均 GDP 作为政绩的指标意义大于经济指标本身，所以政府官员比老百姓更关注 GDP 和人均 GDP。对官员来说，数字上升本身就有意义，而对老百姓来说，则更关心 GDP 和人均 GDP 上升后的实际生活水平和社会福利的提升。同理，经济增长速度不同于火车提速，老百姓关心的不是速度本身，而是速度所带来的实惠。如果社会在创造越来越多的财富的同时，也创造着越来越多的贫穷和越来越大的贫富差距，如果社会在以较高的增长速度增加财富总量的同时，也以较高的增长速度增加着失业大军和日益加剧的不公平，那么 GDP、人均 GDP 和经济增长速度的提升，只能是一种低质量的提升。

增长不等于发展，GDP、人均 GDP 和经济的高速增长也并不一定意味着发展。因此，建议在深圳"十一五"规划中，不要把数字作为最终目标，而是更多地关注增长中的发展和发展中的问题，并将 GDP 中政府转移支付所占的比重这一体现社会发展及文明的、进步的指标真正制度化地纳入衡量社会发展水平和文明程度的指标体系之中。

（2006 年 1 月）

"实践"不等于"经验"

苏东斌[*]

在反教条主义、反主观主义等错误思潮时，判断"实践是检验真理的唯一标准"是完全正确的。但是，对于"实践"本身，还应该做具体的、深入的分析。

为什么历史上的窃国大盗有时能够得逞？为什么现实中的小偷可以屡战不败？为什么当权派严重失误的决策能轻易地做出？为什么有些人确实可以随心所欲？上述的四种结果都不代表真理的胜利，而且在历史学家看来还是终究要失败的，但是，这一曲折，这一过程，往往需要几年、十几年甚至几百年。若以人的生命和痛苦作为历史的代价，那么牺牲也就太多、太残酷了。所以，对"实践"必须进行具体分析。面对谁的实践、什么实践、几次实践等一系列问题，都既有立场，又有价值观念，还有随机性因素。

否则就无法解释人吃羊肉和狼吃羊肉，对于羊来讲，有什么本质上的区别（立场问题）；就无法解释希特勒发动的第二次世界大战，虽然最终失败了，但毕竟还是发动起来了（随机性问题）。

可以说，一时得逞并不能说明主导者手中有真理，一时失败也不能说明主导者的理论都是谬误。因为后者也许遭遇了专制者的强权或者遭遇了广大群众的一时反对。

古希腊科学家阿基米德曾说：给我一个支点我就能撬动地球。在人类社会领域，个人作用（无论是好作用，还是坏作用）与规律强制的关系，恐怕是很难说得清楚的。

---

* 苏东斌，时任深圳大学中国经济特区研究中心教授。

总之，个人的"经验"并不等于哲学上所说的"实践"，经验主义可怕，实用主义更可怕。一句话，社会实践绝不等于个人经验。

（2006 年 3 月）

自主创新要"热中有冷"

吴俊忠[*]

近来,"创新"这个词出现的频率很高,从建设创新型国家,到建设创新型广东、创新型城市,各级各界都在讲创新。尤其在全国"两会"(政协会议与人大会议)期间,创新更是成了热门话题。"两会"代表对深圳的创新给予高度评价,希望"实施自主创新深圳要走在前面"。事实上,无论是在全国,还是在深圳,创新都既是一种使命,也是一种根本性的变革,既需要激情,又需要科学理性和科学态度,用一句通俗的话讲,要"热中有冷"。

环顾当今世界,美国呼唤"资本和技术主宰一切的时代已经过去,创意时代已经来临";韩国打出了"资源有限、创意无限"的标语;日本喊出了"创意关系到国家兴亡"的口号。呼唤创新似乎已成为国际性现象。在这样的国际大背景中,我国从中央到地方,都大力倡导自主创新,这无疑是顺时应势之举,是十分必要的。但我国是发展中国家,创新基础薄弱,技术条件有限,要实现从部分地区、部分行业的创新行为,到整个国家或整个地区、整个城市的"创新型"的转变,需要付出大量艰苦的探索和努力,要走的路还很长。从这个意义上说,没有呼唤激发创新的"热"潮,没有渲染创新氛围的舆论先导,就难以产生扎实有效的创新举措,就可能在国际性的发展格局中失去战略机遇;但是如果只有"热",而没有提倡科学理性、科学态度、科学规范和实事求是的"冷",就有可能出现一哄而起、盲目上马的现象,导致出现事与愿违的不良后果。

"热中有冷"对于决策者而言,更为重要。决策者没有"热",即没有创新的激情和创新的积极态度,就不能解放思想,就会迈不开创新的步伐。但

---

* 吴俊忠,时任深圳大学社会科学处处长、教授。

决策者如果没有"冷"，即没有科学态度和实事求是的精神，就有可能把创新当作潮流和时尚来追赶，忘记创新只是手段而不是目的，忙于塑造个人或地区、单位的创新形象；就会不看创新基础，不顾创新条件，不分地区差别，简单地、不切实际地搞"一刀切"式的创新，其后果也就不难想象。

总之，在全国上下呼唤创新的热潮中，提倡"热中有冷"，倡导多一点科学理性和科学态度，绝不是唱反调、泼冷水，也绝非多余之举。

（2006 年 3 月）

建议将"先进文化"改为"优秀文化"

苏东斌[*]

有些语汇,一旦人们用习惯了,也就不愿意再去研究了。"文化"这一概念,不具有时间性特点,而只具有多样性的征象。一般可分为俗的、雅的,大众的、精英的,甚至也可分为精华的、糟粕的,却不可分为"先进的"和"落后的"。比如从《诗经》到唐诗宋词再到《红楼梦》小说,它们所体现的到底是先进文化?还是落后文化?为什么今天的中国文化人仍旧拿不出与之媲美的东西呢?对于它们,不仅不存在与时俱进的替代物,而且也是后人无法超越的(我赞同季羡林先生所说:巨人是无法超越的)。可见,在文化上,传统不等于落后,时尚不等于先进,把一个大搞文字狱的雍正皇帝描写成电视剧中爱民如子的"三个代表",让《雷雨》中周萍把繁漪高高举起的现代芭蕾舞真是看不出有什么先进性来。

总之,与科学技术不同,文化是一束光芒四射的礼花,不是一枚直冲云天的火箭,前者的特点是直线上升型,后者的特点是呈现出历史的多样性。

在这里,我引用两位学者的语录做论证。

其一,"欧洲舞台上今天仍上演着和过去一样的《天鹅湖》和《田园交响曲》,那些经典作品是经久不变的。正如我们现在有了电饭煲不必将博物馆的青铜鼎镬加以现代化改造,有了冲锋枪不必将越王剑加以现代化改造一样。从历史、审美的角度看,青铜鼎、越王剑所具有的价值,不是电饭煲和冲锋枪所能代替的。在艺术领域中,如果以为只有与时更新的一面,而没有历史不变的一面,那就是庸俗进化论的观点。马克思曾经感叹希腊艺术一去

---

* 苏东斌,时任深圳大学中国经济特区研究中心教授。

不复返，但它的艺术价值和艺术魅力永远不会消失"。①

其二，当代戏剧家张庚在1984年就说过："先进文化这个词，用得不够准。一般来说，对与错、是与非都是针对政治方面和思想方面的。我个人认为，在文化上，特别是艺术上，只有优劣、雅俗、高下、文野、精粗、美恶之分，无先进落后、正确错误之别。例如原始文化，你能说它落后吗？我们现在许多搞创作的人，不正是从原始文化中发现和寻求美的成分，以丰富今天艺术表现吗？"请注意，这句话讲于1984年而不是2000年。

总结一下，只有在极宽泛的意义上，相对于"武化"而言，也只有在政治上，相对于"是非"而言，"先进文化"这一概念才能确立。

所以，建议将"先进文化"改为"优秀文化"。

（2006 年 3 月）

---

① 《文化欣赏》2005 年第 12 期。

建设循环经济要从改变生活方式开始

陶一桃*

循环经济作为科学发展观的具体表述和实现可持续发展理念的主要途径，不仅预示着对传统发展观的反思，以及在此基础上的经济增长方式的转变，而且还意味着人们的生活方式与理念，以及受此影响的人们选择行为方式的改变。因此可以说，循环经济不仅是一个经济概念，它同可持续发展一样，也是一个充分体现并反映社会文明、人类进步的社会概念。

去过日本的人都知道，在日本生活的第一课就是学会丢垃圾。日本人将垃圾分为"可燃""不可燃""可以回收"三大类，从政府部门到饮食店，从学生宿舍到每一个日本家庭，都贴上有标识的分装三类垃圾的垃圾桶，而且装垃圾的袋子都是透明的（以便清楚地看到里面的东西）。如果谁将"可燃"与"不可燃"的垃圾混装了（哪怕是少许的混装），收取垃圾的工作人员也是绝对不会取走其门前的垃圾袋的。不仅如此，凡是可以回收的垃圾，如塑料制的饮料瓶、酸奶杯等，一律要清洗干净方能放入垃圾袋中。让人敬佩的是，每一个日本人，从老人到孩子，从官员到主妇都兢兢业业、一丝不苟地像完成一件伟大的事业一样，认真准确地丢掉手中的各类垃圾，并毫无怨言。或许正是这样一种生活习惯，使日本成为世界上最能有效地循环使用资源的国家之一。如用木屑做的餐具、用垃圾制成的让人爱不释手的纸张等，都是日本人变废为宝、变无用为有用、变无价值为有价值的美丽故事。

为此，建议政府迅速出台有关城市居民生活垃圾分类分装条例，以带有强制性约束力的制度安排来改变人们的生活习惯，从而改变人们的行为

＊ 陶一桃，时任深圳大学经济学院党委书记、教授。

方式，继而从确立、养成文明的生活习惯和行为方式入手，真正实现循环经济目标。

转型社会的政府不仅应该是社会制度变迁的倡导者和实施者，而且还理所当然地应该成为文明生活方式的倡导者与示范者。

（2006 年 4 月）

在改革开放之前中国是和谐社会吗?

苏东斌[*]

面对中国当前城乡之间、地区之间、行业之间的收入差距,相当多的人把不和谐根源指向了制度变迁、社会转型、改革开放。甚至号召"反思"改革,主张重新调整基本收入政策。结论似乎是:第一,不和谐正是改革开放造成的;第二,改革开放之前"到处莺歌燕舞"。

毫无疑问,社会保障体系的建立,公共政策的合理化方针,反腐败的制度化建设,当是现代社会发展的重要内容与条件,执政党的最基本职能是在全国范围内解决人的温饱生存问题。

第一,只要市场在交易、商品经济在运行,那么,两极分化、收入差距乃是必然结果,任何企图在市场经济下消灭差别的思想都是一厢情愿的。

第二,试问,在改革开放前,中国社会是和谐的吗?在政治上,"以阶级斗争为纲";在经济上,普遍贫穷,几十种票证构成一道风景,二亿五千万绝对贫困人口;在思想上,"八亿人民八个样板戏"。在这种状态下,有什么和谐可言呢?俄共主席久加诺夫在七八年前讲,苏共的垮台在于"三个垄断",即对所有制垄断、对政权垄断、对真理的垄断,可谓经典语录。邓小平讲,1978年前的二十年(即毛泽东时代),我们虽然搞了社会主义,但事实上不够格。

我坚信,只有认识到这些,才会真正体会到邓小平理论的真实背景与伟大意义及其世界性作用。所以,我们应当明白,以胡锦涛为总书记的党中央提出的"科学发展观",是要解决前进中的问题,而不是要否定二十多年来中国伟大的改革开放的总方针。

---

* 苏东斌,时任深圳大学中国经济特区研究中心教授。

　　创造和谐局面的立脚点在于推进社会的全面发展，而不是鼓吹"造反有理"，不是煽动"杀富济贫"，我的建议是：要强调法治，强调税收，反对腐败，尤其要推进政治体制改革。

　　只有这样，我国才能真正走向长治久安、社会和谐。

（2006 年 4 月）

改革应跳出改革者的利益樊篱

高兴民[*]

任何体制下，都会形成既定的利益格局，存在多种既得利益阶层。改革开放二十多年，中国经济发展的成就举世公认，小平同志当年让一部分人先富起来的目标已得以实现。而伴随收入差距的不断拉大，社会利益主体的加速分化，各种既得利益阶层也随之出现。

中国的改革是政府主导模式，改革的设计者主要是政府官员。无论如何进一步改革，都会涉及对既得利益的调整。在缺乏改革标准、改革规则的前提下，很容易发生政府官员从自身利益（货币利益或政绩利益）出发，要么反对有损自身利益的改革，要么使改革变成为自己谋取福利的手段。中国的住房改革、社会保障改革、公车改革等，无不反映出改革者与社会其他阶层之间的矛盾，且这一矛盾正呈现尖锐化趋势。正确认识并采取切实有效的措施化解这一矛盾，已经成为深化改革必须面对的首要问题。

我国的改革要跳出改革者的利益樊篱，避免改革成为改革者为自己谋取福利的工具，应主要考虑以下四点问题。

其一，着力落实人民群众的改革主体地位，利用现代网络信息技术等手段保障人民群众的广泛参与，避免部分政府官员以各种手段操纵改革。

其二，坚持改革使广大民众普遍获益，而非少数既得利益者获益的原则。"人民满意不满意，人民答应不答应，人民高兴不高兴"是检验改革的"试金石"。

其三，改革要"以公平为规矩，以仁义为准绳，才能让人心服"，避免以所谓听证会之名，行"强奸民意"之实。

---

* 高兴民，时任深圳大学中国经济特区研究中心人口、劳动与社会保障研究所所长，教授。

　　其四，加大政治体制改革的力度，规范权力的运行，防止改革者的政治道德逆转；加强监督，筑起一道牢固的屏障，真正落实"三个代表"和"以人为本"的执政方针。

（2006 年 4 月）

建议将产业创新作为第一发展战略

袁易明*

我建议，在"十一五"时期，深圳将产业创新作为第一发展战略。理由如下。

第一，制度创新的"垄断性"已经不复存在，仅靠制度创新已难以形成优于其他地区的发展优势。经济特区成立的初期，"试验田""窗口"的定位使深圳拥有市场制度的"先试""先行"权利，这里的"先试""先行"权利形成制度创新的"垄断"。实施制度创新的"垄断"权利，需要一个基本精神——"敢闯"与"敢试"，即敢于在计划经济制度的大背景里引入市场手段。可以首先引进并采用市场体制的"垄断"，创造了同样具有"垄断"特征的经济增长优势。今天，深圳所处的制度背景与20年以前比已经大相径庭，国内的全面开放使得地区间制度创新的"垄断"状态已完全不复存在，在未来也不会再度出现。这就是说，仅靠制度创新来获得自己"一马当先"的发展优势已无可能。

第二，制度创新的发展动力效应已经递减。改革开放已走过了20多年，从单项突破到综合配套改革，现今已经初步建立起了市场经济体制的基本框架。从制度演进的轨迹来看，我们已经进入了稳步改革时期，下一步的主要创新空间在于完善现有的制度框架。几年前，仅从单项改革那里我们就可获得巨大的发展动力（比如土地用地制度改革），而今这样的制度发展动力已不再可能。虽然制度创新无论在内容上还是在时间上均是无限的，但制度创新的发展动力效应却显然有限。

第三，制度创新已不如昨天容易，创新成本大幅增加。在特区建立初

---

* 袁易明，时任深圳大学中国经济特区研究中心资源经济研究所所长、教授。

期，制度变革的重要内容是建立市场经济运行机制，其主要途径是借鉴别人的做法，引进若干市场手段并对其进行试验。因此，制度创新的关键内容为制度的选择与引进。到现阶段，只是简单地学习、引进、模仿显然难以完成制度创新的任务，制度创新已经进入了高一级阶段——更需要在现有制度基础上建立一套适合于自己的制度内容，强调制度的自主性创新。这里的"自主性"强调"创造性"，必然要比"引进性"特征的制度创新要来得困难。

结合制度变革的规律和我们自己发展的要求，我们应该理性地将相当长时期内的创新定位于产业创新之上。通过推进产业创新，创造深圳发展的动力。突出产业创新，既是资源禀赋条件下深圳发展的路径选择，又是体现效率的创新选择。只有当全市培育起强大的产业创新能力之后，深圳才算真正创造了新的发展优势，形成了自己持续发展的能力，在此过程中探索出一条发展路径，供人借鉴。

（2006 年 4 月）

深圳应生产自己的
"深圳农民工调研报告"

高兴民　钟若愚[*]

今天，农民工已成为城市中一个重要而特殊的社会阶层。深圳农民工总数在全国大中城市中位居第一，人口"倒挂"现象尤为突出，已成为影响深圳经济社会发展的重大问题。

深圳的经济社会发展已经从注重 GDP 转变为注重社会和谐。和谐深圳重要的是人的和谐，而人的和谐是分层次的，基础层次是经济关系和谐，其次才是政治关系、文化关系等方面的和谐。目前，深圳农民工与企业主的"劳资"矛盾已经成为构建和谐深圳的主要障碍。明确企业社会责任，保障深圳农民工的尊严和福利待遇，体现"以人为本"的执政理念，维护深圳的社会稳定，是政府不能回避的首要问题。

近些年，市委市政府已经就农民工劳动、就业、保险等问题出台了若干政策，但时至今日，围绕农民工群体所发生的诸多问题仍未得到根本解决。《国务院关于解决农民工问题的若干意见》的出台，以及由国务院研究室牵头多个中央部委参与完成的《中国农民工调研报告》，在摸清我国农民工面临的突出问题的基础上，基本确定了解决农民工问题的原则思路，出台相关政策，加大执行力度已成必然。

深圳肩负着改革开放的特殊使命，急需全面、准确、科学地把握深圳农民工在劳动、就业、社会保障和生存状况等多方面的实际情况，在保障农民工生存权、发展权方面先行先试，为解决中国农民工问题探索路径。我有以

---

[*] 高兴民，深圳大学中国经济特区研究中心人口、劳动与社会保障研究所所长，教授；钟若愚，深圳大学中国经济特区研究中心人口、劳动与社会保障研究所副所长，副教授。

下几点建议。

一是市委市政府从政治的、"以人为本"和构建和谐社会的高度，把深圳农民工现状调查增列为 2006 年度市委市政府重大调研课题，形成具有权威性、科学性的"深圳农民工调研报告"。

二是深圳大学中国经济特区研究中心人口、劳动与社会保障研究所一直关注中国及深圳农民工问题的研究，深圳农民工现状调查已被列为该所的重点调研课题，调研方案已基本制定，希望市委市政府充分利用科研机构的技术资源和人力资源优势，发挥政府行政资源的作用，合作进行专项调研。

（2006 年 5 月）

高等教育也要转变增长方式

陶一桃[*]

目前，高等教育同社会经济发展一样，也面临着增长方式的转变，即面临着由粗放经营向集约化经营的转变。尽管面对严重的教育供给不足，扩大招生无疑是最便捷、最有效的选择，但质量永远是数量的前提，尤其对教育而言。因为从人才培养的角度来看，没有质量的数量不是增量而是减量，离开了质量的数量只是数字绝不是实力。因此，当数量的增长以质量的牺牲为代价时，上升的数量不仅是对质量的贬损，而且也是对数量本身的削减；当扩大招生以培养人才的质量下降为代价时，不仅会出现文凭贬值和"泛文凭化"的现象，而且还会造成一代人竞争能力下降的社会后果。由于成功的教育的个人收益小于社会收益，所以失败的教育的社会损失将大于个人损失。而一代人竞争能力的下降，将会以人力资本贬值的方式影响一个民族，乃至一个国家的竞争能力。

我认为，尽管目前培养人才质量下降是扩大招生难以避免的问题，但这并不意味着扩大招生必然要降低教育质量和标准。在这方面政府应该有所作为，因为政府既是教育这一公共物品的最大供给者，又是教育市场供给规则的制定者。

其一，引入竞争机制。竞争既是解决教育供给不足的最佳途径，又是提高教育供给质量的最好方法。在教育供给问题上，中国社会正面临着由计划经济向市场经济转型时期所面临的深刻而沉重的制度变迁。这一制度变迁不仅涉及教育从传统体制下的完全公共物品，向市场经济条件下的不完全公共物品的转变，而且必然触动政治体制改革，以及作为制度安排的意识形态这

---

* 陶一桃，时任深圳大学经济学院党委书记、教授。

一敏感领域。我认为，在教育供给上，政府首先应该学会把属于市场的交给市场去做。可以借鉴西方发达国家已被实践证明了是切实有效的教育供给模式，以政府（包括地方政府）对教育的供给，来保障公民受教育的公平性；以市场对教育的供给，来解决教育的普及性；以政府供给与市场供给相结合的方式，来解决发展过程中的增量和质量之间的矛盾。

其二，以更加开放的精神和举措允许各高校广纳海内外人才。首先，要像当年打破"八级工资制"一样，真正改变传统体制给高等院校教师带来的"似干非干部""似官非官员"的人事管理身份，让高校教师在人事身份上真正"学者"起来。其次，要把目前大多数高校对海外学者的"超国民待遇"，转为聘用机制上的"国民待遇"。同时，还要确立更加灵活的人才流动机制，如"资本洼地效应"（资本向利润高的行业流动）一样，使海内外学者能够自由地向待遇好，并且有利于自身发展的学校流动，使优秀的学者能够无障碍地向名校流动。在知识已被广泛市场化的今天，传授知识的人也应该走进市场。如孔老夫子所云："沽哉，沽哉，吾待价而沽哉！"

其三，改变现行的带有不同程度地方本位主义色彩的招生模式和规则，以更加宽容的胸怀对待生源问题。因为对任何大学来说，只有真正实现面向全国招生，由市场来决定生源，办学的质量才能真正得以提升。生源上的"本地主义"不仅是对公平原则的破坏（如北京户籍的孩子要比非北京户籍的孩子更容易考取北大、清华等名校），而且还从根本上不利于教育供给质量的提升。其实对于任何地方性大学而言，以更加宽容的心态对待生源问题，不是付出，而是得到，不是牺牲，而是收益。正如剑桥大学不是剑桥镇的大学，但剑桥镇永远自豪地拥有剑桥大学一样。因此可以说，以更加开放的理念办教育的结果，只会达到"良币"驱逐"劣币"的效果，而绝不会造成市场份额的真正减少。

政府对待教育的态度，反映了政府的文明程度，而教育的昌盛正是社会文明、昌盛的基础。

（2006 年 5 月）

中国需要建设真正意义上的工会组织

高兴民[*]

工会组织是一个代表工人利益、反映工人意愿的群众组织，它以维护职工的利益为最高宗旨，以维护职工的合法权益为首要职能，是最具有实力的劳动者群体的利益代表。

但是在我国，受传统计划经济体制的影响，本应是群众性质的工会组织，却被办成了官僚或准官僚机构，其领导人则成了官僚，仅从全国各级工会负责人从副国家级、副省级、副厅级……到副厂级，就足以证明这一点。

现代市场经济体制下的社会结构必须拥有政府、企业（资方）、工会三方互动、相互制约的协调机制。而在我国，工会要么依附于政府、要么与企业（资方）"同流合污"，因此，在事关工人利益的博弈中，在工人阶级利益需要维护时，均难以听到工会的声音，工会组织的缺席和无所作为令人遗憾。

而更为严重的是，随着我国经济社会的发展，城市化的推进，外来务工人员不断涌入城市，成为城市新的社会阶层，他们很少能够加入工会组织，部分企业劳资关系紧张，劳资摩擦成本高。在近年发生的多起较大规模劳资矛盾事件中，劳务工群体由于缺乏有效的维权组织，自我保护能力低，利用法律诉讼面临官司时间长、费用高的困局，境外组织利用劳务工群体缺乏有效维权组织的弱点，暗中支持甚至操纵劳务工，给社会和政府造成极大压力。

因此，我有以下两点建议。

其一，我们要从政治的高度、公正的角度、构建和谐社会的高度出发，

---

* 高兴民，时任深圳大学中国经济特区研究中心人口、劳动与社会保障研究所所长，教授。

在各级党委的领导下，坚定不移、坚持不懈地推进基层工会组织建设，否则的话，借用毛泽东的一句话便是："无产阶级不去占领，资产阶级就必然去占领。"

其二，以政府从防范控制型向服务型转变为契机，打破体制性障碍，使工会组织真正成为维护工人合法权益的独立性组织，而不是一个官僚或准官僚机构，使其从官僚机构的"坛"上走下来，防止工会干部蜕变为"工人贵族"。

(2006 年 5 月)

规则的公平要从公平的规则开始

陶一桃[*]

由于时不时要取稿费，所以不得不经常光顾学校附近的某邮局。按理来说，大凡排队总会使人能够心平气和地等待，因为这一方面总比挤作一团文明有序，另一方面毕竟体现了"先来后到"之理。但在这个邮局里排队，却难免让人内心有一种隐隐不快的感觉。在这个邮局里，所有汇款、取款的人混排成一队，并按"先来后到"的原则面对三个窗口的服务。仔细观察便会发现，汇款的人远远多于取款的人，而汇款所需要的交易时间也远远多于取款所需的交易时间。同时，在共同排队等待三个窗口服务的制度安排中，只有其中的一个窗口（有时可能是两个）是既能取款又能汇款的。倘若不幸排到只能汇款不能取款的窗口，你就不得不"发扬风格"把好不容易排到的机会让给后面的人（后面的人一定要是办理汇款的，否则也不得不"发扬风格"）。如此下去，取款的人要比汇款的人花费更多的交易时间，因此也就相当于多支付了交易费用。

在经济学中有一个关于排队的故事，讲的就是形式上的公平与实际上的公平之间的关系。水资源供给短缺，人们必须以排队的方式用桶取水，但是，有人拿大桶，有人拿小桶，如果大桶小桶一起排队，又假若大桶接满水的时间为小桶的 2 倍，那么对拿小桶的人来说，在他前面的名义上的一个人（拿大桶的），就等于实质上的两个人（拿小桶的），而对于拿大桶的人来说，名义上的一次排队，则是实质上的两次排队（相对拿小桶的人），即对于拿大桶的人来说，一次排队便得了打两桶水的机会。

其实，类似的问题随着国门的打开就已经显露出来了，旅游景点公厕排

---

[*] 陶一桃，时任深圳大学经济学院党委书记、教授。

队规则就是一个典型的例子。在大多数西方人的价值观中，公厕应该按照一支队排队的规则来排队，而大多数中国人则习惯于"一人对一门"的排队规则。细想起来前者比后者更能体现出机会平等的"排队精神"。因为如厕的时间有长有短，完全有可能由于一时不巧的"错误"选择（选错等候的门），而不得不成为旨在保障机会公平的制度安排的"不幸者"。

机会平等是公平的前提，交易费用是衡量这种平等的重要指标，而在交易费用背后则是成本——收益法则。当一项制度安排，如排队使人们为基本相同的收益而不得不付出不同的成本（或支付相同的成本取得了不同的收益）的话，那么对于较高成本的支付者来说，就是不公平的。

排队作为一种制度安排，它是保障机会平等的方式，但它并不是公平本身。因此，排队保障或体现的是不是"公平"，还要看排队的内在规则是否"公平"，而非是否排队。

社会的文明从生活的文明开始，生活的文明从生活规则的文明开始，先有公平的规则，才会有规则的公平。

（2006 年 6 月）

这样表述好

苏东斌[*]

20 世纪 80 年代初，中国人民大学著名的哲学家李秀林教授在哈尔滨市做学术报告，认真地分析了"毛泽东思想"和"毛泽东的思想"的区别。

他把"毛泽东思想"定义为马列主义与中国实践相结合中的一切正确的东西，又是全党全国人民集体智慧的结晶；把"毛泽东的思想"定义为他本人的一切东西，其中包括晚年错误的东西，而且巧妙地宣称毛泽东的最大错误就在于违背了"毛泽东思想"。

我当时在后台与他进行了辩论，并以调侃的方式反问：那么我们也完全可以说我们要认真学习"李秀林思想"了，他极其尴尬。

现在，党中央把"三个代表"重要思想、"科学发展观"都去掉了"谁的"，以本身的"内容"来表达，这就具有了准确性。

所以，我建议，为了避免引起混乱，更为了使内容接近"真理"的要求，今后不再出现"谁的"这个麻烦的东西，直接以"内容"本身来体现，因为这里并不同于自然科学中的定理。

例如，如果我们要坚持"毛泽东的思想"，那么当然不仅不能坚持，而且还要坚决否定他的"在无产阶级专政条件下继续革命的理论"（而这个理论正是他本人从 1956～1976 年所形成的基本思想，所执行的基本路线。一旦这个思想被抽出，那么毛泽东本人确认的一生两件大事之一，以及毛泽东个人思想中的重要一块就失去了内容与地位，而如果进行确认，那么对此，邓小平又早有定论：1957～1978 年二十年间，是"事实上不够格"的社会主

---
* 苏东斌，时任深圳大学中国经济特区研究中心教授。

义，是"贫穷不是社会主义"）。

所以，还是今天"以胡锦涛为核心的党中央"这样来表述好些。

（2006 年 6 月）

研究社会转型，请关注一下
当年的蒋经国

苏东斌*

1987 年 4 月 16 日邓小平说他向一位外国客人讲过"大陆在下个世纪，经过半个世纪以后可以实行普选"。① 胡锦涛总书记在 2006 年 4 月访美期间向世界重申：保障人民的宪法权利、民主选举……

为了开启中国民主政治的新进程，有一个人的所作所为值得参考，他便是蒋经国。

本来，蒋经国与他父亲蒋介石一样，曾残酷地镇压民主运动，实行特务政治，但是到了晚年，在世界大潮的推动下，力排众议，与时俱进，1986年，他有三个目标要李焕替他达成。

第一，国民党需要彻底改造才能在完全公开的政治制度里竞争。他说："如果我们不重振国民党活力，人民会抛弃党……甚至党员都会流失。"

第二，推动"全面政治民主"，也就是取消"戒严"、允许民众自由组党、"国会"全面改选、解除"报禁"。

第三，"两岸统一"。这是他最明确、最强烈的一点，显示他意识到在可预见的未来，甚至在他阖目之前的有限时间内，有必要也有机会获致名义上的统一。他说："我们必须采取主动，踏上统一之路。台湾和大陆终究必须统一。两岸若不统一，台湾恐怕将越来越难独立存在。"②

我想，正是这一举动才引来了邓小平传话要派杨尚昆与李焕直接谈判。

当然，政治体制改革是一个敏感的东西。但对于中国来讲，既有人民强

---

* 苏东斌，时任深圳大学中国经济特区研究中心教授。
① 《邓小平文选》第 3 卷，人民出版社，1993，第 220 页。
② 〔美〕陶涵：《蒋经国传》，林添贵译，新华出版社，2002，第 443～444 页。

烈支持，又有军队警察的可靠保障，可以说帝国主义侵略不了，从内部讲，任何叛乱都将被镇压。可见，邓小平的预言、胡锦涛的政策都是十分必要的，非常及时的。

所以，建议从上至下做一个稳妥安排，在党中央的领导下，积极而有步骤地进行社会的全面转型，在胡锦涛时代早日完成由邓小平开创的中国社会的全面转型。在我看来，中央完全有这个能力。

（又及：毛泽东多次讲过，他与蒋介石有两个共同点：第一是中国的统一；第二是民族的独立）

（2006 年 6 月）

实现新农村目标需要谋求体制变革

袁易明*

早在 20 世纪 60 年代中期，舒尔茨就得出了一个令人吃惊的普遍性结论，即传统农业虽然贫穷但有效率。在传统农业令人惊讶的理性面前，推进农业发展的选择不外乎有三个。

第一，变革农村经济运行体制。通过新体制创造农村新的生产力，20 世纪 80 年代初期的农村家庭联产承包责任制是对以生产队为农业产业组织方式的集体经济的否定，创造出了巨大的发展动力，带来了中国历史上少有的农村经济相对于城市的优先发展，农村经济的五年黄金增长期带来农村社会发展的一日千里。这就是体制的魅力。

第二，引入现代技术，促进技术进步。通过技术要素推进传统农业向现代农业的跃升。但是，世界的历史和我国过去的历史都表明，在传统农业中引进技术存在众多的无形障碍，从绝大多数传统农民都处于生存的水平线上看，传统农民的行为目标不是追求利润的最大化，而是生存机会的最大化和风险的最小化，传统农民的财富水平，极小的生产规模使得他们在哪怕是一点风险面前都会望而却步，更不用说采用风险往往较大的新技术，由此，技术路径的适用前提是极大地降低技术的风险水平或者拥有财富基础的农业。

第三，外在条件的大幅度改善。通过大规模、广范围、长时间的财政投入，开展以交通、通信、教育、医疗卫生等为主要内容的公共设施的建造和以农田、水利为主要内容的农业生产设施的建设是新农村建设的必要条件，这些条件将为农村经济降低运行成本，为农业发展提供客观条件，但这仅仅是一些外在条件，仅依靠这样一些外在条件的建设显然无法实现社会主义新

---

* 袁易明，时任深圳大学中国经济特区研究中心资源经济研究所所长、教授。

农村建设的终极目标。

　　立足于国情，实现新农村建设的最终目标需要依赖体制变革。虽然中国的新农村建设要求政府必须先行——难以想象在饮水困难，电、路不通，通信落后，严重缺乏教育基础等条件的地区建设起新农村来，但这只是第一步，只有当农民成为新农村建设的主体时，真正意义上的新农村建设目标才有希望。在未来，政府还能向农业"让利"的空间已相当有限，新农村建设的一条根本出路在于寻求农村经济体制的变革，当在新的农村经济体制下，家庭联产承包责任制所形成的资源分割，规模效率低下的现状得到改变，农业生产要素在更大的空间上流动重组，农村由分散、游离的家庭经济向规模化、产业化、现代化迈进时，"吃菜地里摘，吃蛋自家鸡窝里拿"的景象才会彻底改变，才可以宣告新农村建设的伟大胜利。

（2006 年 7 月）

应准确地把握"三个代表"
重要思想的本质

苏东斌[*]

第一，不应片面理解"三个代表"重要思想的文字表述。

在学习、研究"三个代表"重要思想的过程中，有一种倾向必须克服，即从文字表述中片面地理解它的本质含义。

因为"代表先进生产力的发展要求"不是仅指代表高新技术这一趋势。先进生产力的布局总是极少数，大多数是适用技术、一般技术，还有少数是落后技术。就中国而言，广大农村还谈不上拥有大规模的先进生产力，但是中国共产党也是广大农村生产力的当然代表。"代表先进文化的前进方向"，不能理解这文化本身还分什么先进与落后，如《诗经》《宋词》《红楼梦》等是先进文化呢，还是落后文化呢？《桃花扇》与《千万不要忘记》到底谁比谁更先进呢？文化只有优劣、雅俗之分，中国共产党当然要提倡优良文化。而"代表最广大人民的根本利益"既不能理解为只代表一个整体的利益，更不能理解为这个利益没有当前的内容。因为中国共产党作为执政党当然要代表每一个中国人的利益，而且必须包括这个人的眼前的、具体的利益。中国共产党的基本宗旨不允许以一个抽象的整体利益，加上一个抽象的未来利益来牺牲每一个人的当前利益。这就是说，既不能以当前利益来牺牲子孙后代的利益，也不能以子孙后代的幸福来否定每个人的现实利益。同时，"最广大人民"实际上也是指全体中国人民，而不再是指要团结95%以上的群众，不断打击5%以下的阶级敌人。执政党的理念不是不断地去分清敌我友，而是使社会各阶级、各阶层都和睦相处，化解矛盾，尽量做到平安

---

[*] 苏东斌，时任深圳大学中国经济特区研究中心教授。

无事。

第二，"三个代表"重要思想的本质是推动社会进步和社会和谐。

如果把代表中国人的利益作为中国共产党行动的基本归宿，那么种种"先进"表述都在于推动社会进步与社会和谐。

我们完全可以从1921年的建党纲领、从1945年的《论联合政府》报告，以及从1949年的七届二中全会报告中寻找到"三个代表"重要思想的文字表述的基本主张。但是，我们应当清醒看到这一思想正式提出后中央所做出的巨大的政策调整与制度变迁。我以为这才是它的精彩之处、独特之处。

只有当我们承认"与时俱进"的方法论时，才能找到党的最低纲领与最高纲领在逻辑上与价值上的统一。也只有这样，而不是相反，才能为真正推动社会进步和社会和谐奠定制度上而不是道德上的，体制上而不是教育上的坚实基础。

（2006 年 9 月）

"和谐"只能是一个"结果"

苏东斌[*]

在贯彻党中央提出的构建"和谐社会"的口号时，在某些地方、某些部门、某些企业，有一种倾向特别值得警惕，即以根本"不作为"去刻意"制造"一个虚假的和谐。

如不去解决农民工的工资拖欠问题，却一味鼓吹农民工"要顾全大局"来等待企业经营状况的完全好转；如不去解决居民的看病难、用药贵问题，却一味号召患者"要安定团结"，要充分理解医院的难处等。

其实，我们党是从来不会在没有任何前提下，提出"稳定压倒一切"这个方针的，因为真正意义上的改革，都意味着一定要进行利益上的调整，因而也就意味着会引起一定的不安，甚至振荡。所以，我们党要求的"稳定"绝不是在追求"鸦雀无声"，使各类矛盾和冲突"被掩盖"，而是"被解决"。

各个地方，只有切实而且具体地去解决一件件关乎民生、民权的就业、上学、医疗、住房等问题，才会逐渐创造出和谐的新局面来。

由此可见，社会和谐的前提只能是社会公正，而公正的根本并不在于什么思想教育与道德修养（虽然不能低估这方面的作用，它们也不是不重要，只是不那么根本，不那么深刻），而是在于制度的建设，尤其是法治建设。

以"阶级斗争为纲"是绝对的不正确，但"无阶级、无矛盾"的现状也是绝对的不存在，所以，千万不可以矫枉过正。

和谐并不是消灭差异，因为差异的永恒性恰恰是构建和谐的前提条件，必须强调，贫富差距扩大是市场经济的必然结果、逻辑之义，问题的关键仅

* 苏东斌，时任深圳大学中国经济特区研究中心教授。

仅在于：第一，政府和社会必须使弱势群体（包括每一个人）都能够"活下去"（做到合理）；第二，用法制去规范这种差距（做到合法），只有按生产要素的贡献分配，贫富之间才能相安无事。

一句话，和谐的关键在于"解决"问题，而不在于"掩盖"问题。

（2006 年 12 月）

香港政治体制的特征到底是什么

张定淮[*]

我认为：现实香港政治体制的特性是权力分立。香港出现政制争拗时，政府官员和学者往往强调基本法关于香港政制安排的立法原义是构建行政主导体制，却忽视了基本法有关香港政制安排所呈现出的结果是行政、立法和司法三种权力分立。产生这种误解的根本原因在于，将行政主导与权力分立两种理念对立看待，并将香港回归前的制度特性盲目地加以引用。

香港回归后，其制度的特征性表现是：行政权、立法权和司法权的互不隶属。这是香港回归后政治体制变化的最根本的一点。由于香港是中国的一个特别行政区，属于地方政府，其上有中央政府，因此我们可以视之为"一国两制"下的区域性三权分立体制安排。这与回归前的香港政治体制特征——港督高度集权，行政局、立法局均为港督的咨询机构的政治体制有重大差异。那时的行政主导是一种有效的运作体制，而香港回归后，超越于立法局、行政局之上的总督权力不复存在。再者，香港立法会的功能也发生了根本性的变化，已经成为一个独立的立法权力机构。行政长官虽在基本法中被赋予双重地位（特区首长和行政长官），但基本法中并没有对特区首长的权力做出特别的规定，其权力只是体现在行政长官职位中，显然，特区首长并没有什么超权力。另外，行政长官与立法会之间的关系是特区政府内部出现纷争的重要原因，虽然基本法对两者之间的关系所做出的规定是"既互相配合又互相制衡"，但由于立法权力对政党的开放性，两者关系中"制衡"体现得更多，"配合"体现得少。因此，回归后的香港政治体制中"行政主导"并不明显。换句话讲，就是回归前的行政主导在新的权力配置格局下也

---

* 张定淮，时任深圳大学当代政治研究所副所长、教授。

已经无法真正发挥主导作用。为什么有人反复强调香港仍然是以行政主导的政治体制呢？

其一，认为权力分立与行政主导相矛盾。所谓行政主导，应该是指在一个国家或地区的政府权力架构中行政权相对于其他两权，特别是立法权而言，略占优势的一种体制，公共决策的最终结果主要取决于行政首长及其领导的政府。但主导不等于集权，也不等于没有权力。

其二，认为承认香港政制架构中的权力分立会与基本法中对行政、立法之间相互配合原则所做出的规定相矛盾。事实上，正是因为权力分立才有配合与协调的必要，没有哪个国家或地区的政治权力只有分立没有配合与协调，只是程度不同而已。

权力分立是现代资本主义政制的基本原则，香港作为"一国两制"框架内保留资本主义的地区也属于权力分立体制，即现实香港的行政主导是权力分立基础上的相对行政主导。

（2006 年 12 月）

"焦虑"的根源在于制度的不善

苏东斌[*]

据报道，钱学森向来看望他的温总理提出：现在中国没有完全发展起来，一个重要的原因是没有一所大学能够按照培养科学技术发明创造人才的模式去办学，没有自己独特的创新的东西，老是"冒"不出杰出人才。当然，钱老说的杰出人才，绝不是一般人才，而是大师级人才。对此，温总理表示极大的"焦虑"，这是因为我国的"思想土壤"和"学术土壤"往往有利于"侏儒"而不利于"巨人"的发育。[①]

关键的问题在于制度本身的不完善。

显然，在 21 世纪，社会需要的绝不是僵死的教条，而是鲜活的人才。这样，大学教育的重点也就不再是课堂上的背诵，而是怀疑批判式的思考。

想当初，破旧的战时大学——西南联大，竟走出了诸如杨振宁、李政道等 60 多位院士，而抗战时贫寒的四川李庄，也居然存在梁思成、林徽因这样的大师。可以说，在物质条件越来越优越的今天，中国大学应把对教育制度的改革（而不是一味地扩招）放在首位。可惜的是，今天，中国已无蔡元培，北大已无陈独秀了。

而制度的复苏与创新首先又来自正确的理念，人们总是引用却又始终忘记马克思那段极为精彩的批判性语录，即"你们赞美大自然令人赏心悦目的千姿百态和无穷无尽的丰富宝藏，你们并不要求玫瑰花散发出和紫罗兰一样的芳香，但你们为什么却要求世界上最丰富的东西——精神只能有一种存在形式呢?!""每一滴露水在太阳的照耀下都闪现着无穷无尽的色彩。但是精

---

* 苏东斌，时任深圳大学中国经济特区研究中心教授。
① 《南方周末》2006 年 12 月 7 日。

神的太阳，无论它照耀着多少个体，无论它照耀什么事物，却只准产生一种色彩……"① 由于"只有观念才能战胜观念"，所以，建议国家的教育部门，首先引导全国高校走出思维定式，然后再着手恢复与创建能培养人才的大制度。

（2007 年 1 月）

---

① 《马克思恩格斯全集》第 1 卷，人民出版社，1995，第 111 页。

所谓"鼓掌通过"

苏东斌[*]

在今天中央力推基层民主制度化的大背景下，不说是全部，相当多的基层单位仍然存在不和谐的现象。

如在有近百人或者上千人参加的大会上，主持人一本正经地说："对于刚才工作人员宣传的决议，如果大家没有意见，就鼓掌通过吧。"当然，也有主持人会问一下"同意的请举手"和"不同意的请举手"，以及"弃权的请举手"之类的程序上的话。

试问，在事先既无个人充分的思考，事中又无大家热烈讨论的情况下，怎么可以指望有任何重要的不同意见出现呢？

尤其在选举中，民主选举的核心是差额竞选。在等额选举的状态中，任何一个候选人被一半人淘汰几乎是不可能的。

至于竞选，即使是组织提名，也必须由候选人公开阐述自己的执政理念、目标，并且认真地回答选民（或代表）的问题。

只要不是行贿、受贿，积极发表演说、公开拉票，都是非常必要的，都是十分正当而且合理的。当年，我们党在陕甘宁边区曾认真而热烈地推动这类选举，我们要向半个多世纪以前的解放区学习。

民主的任何形式都必须服从于具体的内容，显然党中央希望基层组织能把事情做得更好。所以，我们不能辜负以胡锦涛同志为核心的党中央的希望，不能再搞类似"鼓掌通过"这类滑稽的事了。

（2007 年 2 月）

---

[*] 苏东斌，时任深圳大学中国经济特区研究中心教授。

慎言"中国模式"

苏东斌[*]

经历了 30 多年的改革开放，中国确实出现了翻天覆地的变化；尤其是受到当前世界经济危机的冲击，中国的国际地位绝不再是无足轻重的了。于是，探讨"中国模式"的声音在海内外刹那间响了起来。不仅有超越 1989 年"只有中国才能拯救社会主义"的国内言辞，更有天真地认为"只有中国才能挽救世界经济"的国际论调，对此，我们应高度警惕。理由如下。

第一，从总体上看，中国还处在改革之中，最艰难的改革（如国企改革、政治体制改革等）并没有完成。

第二，从过程上看，中国正处在变化之中，无论是体制改革还是制度变迁，都没有形成一种定型的"模式"。

第三，从现状上看，"中国问题"有的还很严峻（如环境问题、居民消费问题、地区城乡发展不平衡问题、法制建设问题等）。

可见，虽然我们有辉煌成就，有独特的因素与过程，但同时也有重大的教训，要真正实现"社会主义市场经济"的伟大目标，还有许多问题需要进行强制性的制度安排。所以，我们决不能盲目地陶醉于"盛世"中，必须对自己在国际社会中的地位与作用有一个清醒而准确的估计与评价，千万不要被有些人吹得晕乎乎的。

（2009 年 12 月）

---

* 苏东斌，时任深圳大学中国经济特区研究中心教授。

有了她，城市才会更加漂亮与凝重

苏东斌*

有些城市十分热闹，甚至还可以"大闹天宫"。在那里，既不缺形象思维，又不缺大跨度联想。但有时，总觉得轻飘飘的，因为缺了学术文化。

学术文化不是简单的传达文化、宣传文化，而是研究文化、探讨文化、质疑文化。

要发展学术文化，需要两点：第一，理论勇气；第二，环境宽容。

对于研究者自身：钱学森在回顾在美国加州理工学院的生活时说：在那里，你必须想别人没有想到的东西，你必须说别人没有说过的话，这样才能有拔尖人才，才有竞争，才能跑到学术前沿。

对于客观学术环境：就是应提供充分的学术权利和民主氛围。不同学派的不同观点都可以发表，可以向权威挑战与辩论。当年大学者胡适曾这样揭示它的哲学根基，他说最基本的理由是：可能我们自己的信仰是错误的，可能我们所认为的真理是不完全的真理。说到底，谁也没有可能握有绝对真理。

这样说来，发展学术文化，既要使自己的思想有一个大解放，更要对人本身也来一个大解放。只要拥有了她（即拥有了追求某种绝对精神的核心价值理念），这座城市也就一定会更加漂亮与凝重。

因为这里不仅是他们的工作场所，更是他们的精神家园。

（2010 年 1 月）

---

* 苏东斌，时任深圳大学中国经济特区研究中心教授。

国际性现代化大城市的重要
标志到底是什么？

苏东斌[*]

现在国内若干大城市都纷纷提出要建设"国际性现代化大城市"。显然，城市化、工业化、信息化、全球化的确构成了中国现代化进程中的重要内容，但是，在这里，要建设国际性现代化大城市又绝不是一个简单的物质繁荣问题。

经过30多年的改革开放实践，中国社会已经由经济体制转型走向社会全面转型的新阶段。一座国际性现代化大城市的重要标志是具有一个以个人权利、自由平等为内容的现代核心价值观的形成，以及与此相适应的市场经济、民主政治的现代基本制度的确立。今天，我们所提倡的科学发展观，其首要含义并不是如何发展，而是为谁发展。以人为本的宗旨，就是要求以个人为主体的现代核心价值观的实现。而在如何发展问题上，其首要含义也不是什么技术等级上的升级，而是现代基本制度的成型。我认为，这也就是现代性对现代化的根本制约。

（2010 年 3 月）

---

* 苏东斌，时任深圳大学中国经济特区研究中心教授。

"把香港请进来"

苏东斌[*]

据报道，2010年3月18日，在国务院召开的常务会议上，对于领导干部申报个人财产问题，温家宝总理明示：人民的公仆对人民忠诚、接受人民的监督，是很自然的，怕什么？为什么部分资本主义制度的国家和地区能办到，为什么俄罗斯能办到，为什么新加坡能办到，为什么我们的香港特区、澳门特区能办到？十多年来，党内呼声、社会各界的呼声，总要对人民有个交代。千万别忘了一条定律：政府合法性是人民的授权，政府管制基础的稳定性，是人民的支持和凝聚力。

对此，应当郑重给予回应：因为说到底，在共产党领导的社会主义国家里，只能有人民的一般利益，而绝对不应该也不可能还有什么党的及其党员的特殊利益。这样，不仅要执行"权为民所用"，更应牢记"权为民所授"。监督，既是"主人"对"公仆"的权利所在，也是民主政治的重要内容。

今天，许多地方政府逐渐认识到，香港是当今世界最繁荣的地区之一，它的魅力充分展示了人类文明的结晶。所以，我认为，学习香港，就是学习市场经济；借鉴香港，就是借鉴法治社会。从相当大的意义上说，"把香港请进来"（如独立的廉政公署、政府预算公开透明、现代大学制度等），既符合改革开放的根本方向，又能寻找到构建现代化城市的简捷路径。

（2010年4月）

---

* 苏东斌，时任深圳大学中国经济特区研究中心教授。

不可用"精确打击"

袁易明[*]

最近一段时间，不论是传统纸质报纸，还是新兴的网络媒体都大量地使用一个词：对房地产投资客实施"精确打击"。用这样的战争语言对待普通的房地产业参与者，实在不妥。

第一，投资者（抑或投机者）是房地产业发展过程中不可或缺的参与者，只要我们承认房地产市场交易的正确性，就必须接受房地产投资者的产生与存在，只要市场不存在了，投资者也就消亡了，如果打击投资者，甚至精确地打击，实质上是在消除房地产市场，这样，发展房地产业就只能回到计划经济的老路上去了。一句话，如果消灭了"投资者"，也就等于取消了市场经济。

第二，只要投资者遵守国家法律和法规，按照已经确立的市场规则行动，就不仅不能打击，还必须给予保护，否则，有悖于我们努力建设的社会主义市场经济体制的公开、公平、公正的基本原则。

第三，引起近年房地产市场价格走向的原因甚为复杂，其中的确可能存在需要"精确打击"的对象，比如房地产行政审批过程中存在的违法违规行为者，在项目立项、土地取得、规划审批等环节的官商勾结、权钱交易者等。但这不能与普通的投资者画等号，必须严格区分，不能将一般投资者视为房地产所谓问题的"罪魁祸首"。

至今，绝大多数人都充分地分享了市场带来的房地产成就（当然可能有多少的不同），因为，居住条件在短期内的改善超乎想象，今天面对房地产

---

* 袁易明，时任深圳大学中国经济特区研究中心副主任、教授。

市场发展中的问题，只能用市场的手段解决，不当的、过多的干预甚至打击，只能将房地产业发展引向反面，产生事与愿违的结果。

（2010 年 5 月）

中国经济特区的双重新使命

苏东斌[*]

从概念上讲，特区本来就是"实行特殊优惠的经济政策的地区"的简称，一旦这种政策取消了，特区在概念上自然就没有可能存在了。而从实践上看，特区已经圆满地完成了当初所设定的"窗口""试验田""排头兵"的使命，1992年之后当全国都走上市场经济之路时，特区也就没有必要存在了。所以，我也一直持特区终结论的观点。正是在这个意义上，我们才能理解，时任总理朱镕基说的"现在特区已经不'特'了，已经没有什么特别优惠的政策了，全中国都是一样的。我们并不按地区来优惠，而是按产业来优惠"那句话的含义了。而所谓"特区就是特别能改革、特别能开放、特别能创新的地区"，或者说"以特别之为，立特区之位"的说法不过是政治家们为了鼓舞士气的宣传口号，这在逻辑上属于偷换概念。

那么，特区还有什么新鲜使命？进入21世纪，中央要求特区"增创新优势，更上一层楼"，并宣告中国经济特区将贯穿于中国改革开放的全过程，贯穿于中国现代化建设的全过程。这两个"全过程"就清楚地表明特区又被赋予了双重新使命：从"改革"的意义上讲，是要加快完成向市场经济的转型，继续当好改革开放的先锋；从"发展"的意义上讲，是要加快实现发展方式的转变，早日建成现代化国际性大城市，构筑中国区域经济的新版图。

既然还有这样的使命、责任，那么就自然还是要给予相应的权力。今天，特区到底还有什么"特"的权力呢？广东省委书记汪洋说过，"允许改革失败，不允许不改革"。他要求，特区还要"锐意进取、先行先试"。这就不是在默许，而是在明示：特区还有继续"先行先试"的改革权。我们的理

---

*　苏东斌，时任深圳大学中国经济特区研究中心教授。

解是，这就是今天特区的基本含义了。

这种特殊的权力一旦结合 30 年所形成的财富积累、体制改革尤其是创新精神三大优势，就有可能完成这一新使命。在这里，关键还在于人。

（2010 年 6 月）

不是两个时代

苏东斌[*]

21 世纪以来，中国经济特区的未来应负双重新使命：从改革的意义上讲，是要加快完成向市场经济的转型，继续当好改革开放的先锋；从发展的意义上讲，是要加快实现发展方式的转变，早日建成现代化国际性大都市，构筑中国区域经济的新版图。

也就是说，改革的任务并没有完成，改革的时代也并没有结束。决不能认为特区的主要任务，不再是深化改革，而只是大力发展了。更不能得出中国社会已经从"改革开放时代"进入了"科学发展时代"这一结论。

因为只有深化改革、扩大开放，确实建立起社会主义市场经济，才能实现发展方式的彻底转变，才能使中国社会真正走上科学发展之路。"改革"与"发展"两者不是前后关系，而是因果关系，它们绝不处在两个时代。市场经济不仅是科学发展的强大动力，而且是科学发展的制度保证。因为只有彻底解放了人，才能形成自主创新的良好环境，才能最终解放生产力。

中国社会前30年的高速发展靠的主要是改革开放，今后的科学发展主要还是靠改革开放，改革开放仍然是第一法宝。总之，要当好科学发展的排头兵，必须首先继续当好改革开放的排头兵，离开了改革开放，"发展"不仅不能"科学"，而且更不能"持续"。

(2010 年 6 月)

---

* 苏东斌，时任深圳大学中国经济特区研究中心教授。

请高度关注温家宝最近的
两段重要话语

苏东斌[*]

温家宝总理最近有两段重要的话语应当引起高度关注。

其一，2010 年 8 月 20 日，他在考察深圳时讲："不仅要推进经济体制改革，还要推进政治体制改革。没有政治体制改革的保障，经济体制改革的成果就会得而复失，现代化建设的目标就不可能实现。"[①]

其二，2010 年 8 月 27 日，他在国务院召开的全国依法行政会议上说："在和平建设时期，执政党的最大危险是腐败，而滋生腐败的根本原因是权力得不到有效的监督和制约。这个问题解决不好，政权的性质就会改变，就会'人亡政息'，这是我们面临的极为严峻的重大考验。"[②]

我认为，这是建国 60 年来我党领导人关于政治体制改革必要性的最重要的言论，也是继 1980 年邓小平关于改革党和国家领导制度的讲话（被政治局通过）后的第二个大论断。

所以，我们决不能等闲视之。

（2010 年 8 月）

---

[*] 苏东斌，时任深圳大学中国经济特区研究中心教授。

[①] 《人民日报》2010 年 8 月 22 日。

[②] 《人民日报》2010 年 8 月 28 日。

少谈点"特色"，多讲些"共识"

　　本来，邓小平提出的"建设有中国特色的社会主义"命题，既是为了反对"斯大林模式"，又是为了否定中国当时的计划经济体制。其基本含义就是：结合中国国情，走上一条现代化道路。

　　可是，慢慢地，"中国特色"一词就被许多人滥用了。因为，"国家经济安全"不能成为央企垄断的理由；"人口多、国民素质差"也不能作为削弱民主政治的根据。

　　为此，引来10年前的一段文字，以释心怀。

　　毫无疑问，一条中国现代化之路一定要显示出民族特色与反映出历史阶段性来，强调"中国特色"就是要说明它的民族性、地区性、国家性；指出"初级阶段"，又是要表示它的时代性、后进性和渐进性。但是，无论这种特色"特"到什么程度，也不管这种"发展阶段"进入了哪一时期，现代化道路一定有它的"本色"和"同质"。在说明"中国特色"时，应强调创造性吸收"人类文明一般"，而在确认"初级阶段"时，则更强调体现时代性的"国际惯例"。绝不能以"中国特色"来拒绝由"本色"所带来的规范要求，更不能用"初级阶段"去否定本来应当实现的各种现代化进程。努力吸收人类所创造的一切物质文明、精神文明、政治文明的果实与营养，这不仅反映了我们的胸怀，更反映了我们的聪明与智慧。绝不赞同当年"师夷长技以制夷"的狭隘民族主义观念，绝不赞同"中学为体，西学为用"的现代化蓝本。任何"中国特色"并不"特"在既定目标上，而仅仅"特"在具体道

---

* 苏东斌，时任深圳大学中国经济特区研究中心教授。

路上。所以，经济、政治、文化之间既不可能视同秦越，也不应当以李代桃。[1]

完全可以说，中国近30年的伟大功绩就是选择、引进、坚持市场经济的结果。只有遵循市场经济规律，才能真正实现胡锦涛提出的科学发展观。

历史不能跳跃，世界也没有奇迹，只有常识。所以，在迷恋"大国崛起""伟大复兴"的同时，应防止民粹主义、极端民族主义思潮。

（2010 年 10 月）

---

[1] 参见苏东斌《中国经济特区史略》，广东经济出版社，2000，序言；汪丁丁《人与经济》，北京大学出版社，2001，第 173 页。

造成当下收入分配差距过大的根本原因到底是什么?

中国学术界对于收入差距的"现状"有基本共识,即都承认"过大",但对于形成"原因"尤其是"解决办法"的认识大相径庭。

有的学者认为,生产决定分配。主要是所有制结构不合理造成的,是资本和劳动关系问题,即私有资本的资本收入剥削了劳动收入。马克思主义、共产党是有阶级性的,不能代表剥削阶级。我们在一定条件下可以关怀与照顾一部分剥削阶级,但不能无条件地、毫不动摇地、毫无限制地支持与迁就他们。当前主要错误倾向不是搞单一公有制,而是私有化。

我坚决反对这种观点。在改革开放前,公有制几乎100%,号称没有差别,没有剥削。可是,人民在饥饿,至1978年还有2.5亿绝对贫困人口,国民经济走向崩溃边缘。邓小平多次说"我们对不起人民"。

正是如此,才有了改革的呼声,才有了邓小平理论,才有了十五大确立的公有制为主体,多种经济形式共同发展的"基本经济制度"。

30年的改革开放,中国社会的变化翻天覆地,涌现了华为的任正非、腾讯的马化腾、香港的李嘉诚,他们对于中国发展的贡献,怎么估计也不算高。

那么,这些人,到底是时代的英雄、是民族的骄傲,还是新时期的剥削者,对他们的赞许,是为了发展生产力我们的党中央不得不采取的退让的政策吗?或者说他们还是将来共产党终究要打倒的对象吗?

我以为,这涉及从邓小平、江泽民到胡锦涛中国30年的领袖执政合法性

---

[*] 苏东斌,时任深圳大学中国经济特区研究中心教授。

的基础问题，涉及党的十一届三中全会以来的总路线是对还是错的大是大非的问题。

为此，必须学术争鸣！

根本原因绝不是市场化改革，恰恰相反，是市场化改革不到位、不深化。

第一，作为市场化的基础，产权改革远未完成。民间资本、非公资本太少。农民的土地权益远未实现，政府、国企、央企垄断了大量社会资源，寻租与特权广泛存在（须知，非公经济创造的产值已占全国 GDP 的一半以上，解决了全国 80% 城镇新增人口就业、65% 的全国专利、75% 以上的技术创新、80% 以上的新产品开发问题。以上数字引自全国政协主席贾庆林 2009 年底在非公有制经济人士表彰大会上的讲话）。

第二，作为市场化运行的结果，若干价格是扭曲的。比如电价被高度控制、低价运行；一些煤老板之所以疯狂暴富，主要是因为他们能够轻易获得煤矿经营权，而煤炭资源本身被几乎无偿占有，所以资本带来了暴利；劳动力价格远未市场化，出口主要靠低廉劳动力价格优势来竞争。

第三，作为市场化环境，政府在国民收入分配中占的比重过大，老百姓占的比例太低（央行报告：2007 年居民收入分配占国民收入比重下降至 57.9%，而美国高达 70%）。同时，政府不当干预造成了国企不是靠竞争赚钱，而是靠垄断特权赚钱，垄断利润应上缴国家。有的地方借"宏观调控"的名义恢复计划经济时代的指令性，扩大寻租腐败空间。同时，政府在反垄断法规和社会保障等公共服务方面严重缺失。

总之，我们应高度警惕狭隘民族主义和民粹主义思潮的兴起，应坚决捍卫市场经济的基本制度与市场化改革的大方向。

（2010 年 12 月）

没有"廉洁官员",哪来的 "廉洁城市"?!

——两点体会、两项建议

苏东斌*

提出建设"廉洁城市"的口号,说到底,并不是一个宣传与教育和打造品牌的问题,而是一个制度建设问题,其核心的理念就是法治问题。

对此,我有两点体会。

第一点,要有一个刚性的制度。

以往的"反腐倡廉"大都是用抓"大案要案"、通过"专项行动"以及贪官污吏的"典型案例"来说话,如何从体制深处去提升法治水平则应视为关键环节。例如,能从制度上具体而明确限制公权力的滥用,绝不比抓几个贪官震慑力小。

据报道,做了14年国会议员的新西兰女部长黄徐毓芳,近日被揭发利用部长身份,损公肥私,黯然辞职。因为按新西兰国会规定,资深议员和伴侣在私人国际旅行时,可享受高达90%的机票折扣。当然,旅行津贴只限于私人旅行,不能用于商务旅行。调查显示,她的确用纳税人的钱(旅行津贴)为她丈夫的商务之旅埋单。[①]

据介绍,德国的法律法规,对包括国家最高领导人在内的所有公务员因公出差的一切费用都有明细规定,丝毫不含糊。更厉害的是,所有公务员报销的差旅费都要在本单位甚至在媒体张榜公布,接受媒体和公众监督。违规者,轻则批评,不予报销,重则自动辞职走人,否则被罢免、弹劾、判刑。[②]

---

* 苏东斌,时任深圳大学中国经济特区研究中心教授。

① 毛芃:《华裔部长的"津贴门"》,《南方人物周刊》2010年第41期。

② 张镇强:《默克尔给我们上了一课》,《南方周末》2007年12月4日。

这才是制度对人的约束。

第二点，要形成一种有法治观念的市民文化。

刚性的制度一旦形成，就会逐渐衍生出无形而巨大的制度文化的力量，这才是真正"软实力"的象征。

据报道，德国总理默克尔在 2007 年 8 月访问中国期间，表现出令人震撼的极为朴素的平民作风。在南京，安排她入住最高等级的总统豪宅，面积 400 多平方米，里面有小花园、游泳池等，但她婉拒了。一方面她厌恶这种过于豪华奢侈的生活，另一方面嫌费用太高，最后她选择了一个 70 平方米的普通套房。在第一顿早餐，安排她在宾馆高级餐厅用餐，她也拒绝了，而选择在一个普通的自助餐厅用餐。服务员对一个外国总理当然不敢怠慢，不让她动手，请她先入座，等候她们的服务，又被默克尔婉拒了，她要自己动手选用主副食。当她切割面包时，有一块面包片不慎掉在地板上，她拒绝经理帮忙，立即低下身来将这片面包捡入自己的餐盘，然后同普通客人一起入座用膳。令人惊讶的是，人们看到她最后把那片捡回的面包片给吃掉了。

在一个法治社会里，这一切已经不是少数政治人物为了捞选票争民心的短期行为，而是一种普遍的政治和市民文化，即不仅官员公私分明、节约俭朴，普通百姓更是这样践行这些生活准则。这就是文化的力量，习惯的力量。[1] 这一切都已经深深地融入他们的意识形态之中了。所以说，没有"廉洁官员"，哪来的"廉洁城市"，没有"廉洁市民"，哪来的"廉洁城市"？！

出于法治为体的理念，对于"廉洁城市"我有两项建议。

第一，设立"深圳廉政公署"机构。

5 年前，我曾提出过这一建议。当时提出：问题的关键并不在于执政能力的高低，而是对权力的制衡与监督。这样，关键也就不是个人的作风和品质，而在于制度的健全。一句话，是制度决定作风，制度创造作风。

香港"廉政公署"的作用，在全世界早已被公认。所以，我建议，在我们深圳率先建立内地第一个新机构——"深圳廉政公署"。而这一点，也并不是什么创新，而是一种学习。[2]

我相信，有一个真正完全独立于省市地方党政领导的直属中央的机构存

---

① 参见张镇强《默克尔给我们上了一课》，《南方周末》2007 年 12 月 4 日。
② 引自《建议活页》（精选本）2005 年第 11 期，第 75 页。

在，才能更有效地打击腐败，培养廉洁市民。

第二，制定"社会监督法"。

利用深圳可以"先行先试"的特权，通过地方性立法，为实行全社会监督扫清体制性障碍。监督的缺失是法治不彰的重要体现，监督方必须来自外部。因此，我建议，在深圳率先制定全国城市中第一部"社会监督法"。

尤其值得强调的是：在经济全球化时代，外部监督，尤其是舆论监督正在超越民族与国家的界限，因为大家都生活在"地球村"，所以，媒体的信息自由在促进民主公益天职中能够展示出公信力的时代强音。

10年前，我曾套用恩格斯一句名言"货币瓦解公社"，然后加了半句"网络崩溃极权"。

据介绍：英国没能获得2018年世界杯主办权。一些人将这个现代足球的鼻祖仅仅获得两票的耻辱性结果，归咎于英国广播公司（BBC）享誉世界的王牌节目《全景》在投票前夕对国际足联（FIFA）涉嫌腐败的揭露。似乎BBC不合时宜的"不爱国"举动毁了申办大业。① 然而，这正是跨国舆论监督的伟大力量。

其实，无论是设立"深圳廉政公署"机构，还是制定"社会监督法"，都不需要多少智慧与技巧，主要还是胆识与勇气。这就是说，主要并不是"会不会"，而是"敢不敢"，即还是邓小平的那句话："深圳的经验就是敢闯！"

（2010 年 12 月）

---

① 展江：《万国之上也有舆论监督》，《南方周末》2010 年 12 月 9 日。

学点辩证法

苏东斌[*]

凡事总有两个方面。

一方面是：伟大领袖毛主席曾这样教导我们，人民，只有人民，才是创造世界历史的动力。[①] 最近发生的埃及风暴，再次印证了这一光辉的真理。

因为专制制度既缺乏分权安排，又不可能实行监督机制，所以很难自我调节。这样，社会动荡也就是必然的了，而高压统治只能导致极端主义和恐怖主义。要维持国家的稳定，尤其是长治久安，根本的办法只能是向民主制度进行和平的、非暴力过渡。

早在 1945 年，毛泽东就明确阐述过"建设自由民主的新中国"的理念，我们应当学习。

其中有："自由民主的中国"将是这样的国家，它的各级政府直至中央政府都是由普遍、平等、无记名选举而产生，并向他们的人民负责，将实现孙中山先生的"三民主义"，林肯的"民主、民治、民享"的原则和罗斯福的"四大自由"（即"言论和表达的自由""信仰上帝的自由""免于匮乏的自由""免于恐惧的自由"）。[②]

我以为，领袖当年的教诲，仍是今天中国现代化的目标。在这里，既不能以狭隘民族主义去打压民主主义，更不能以民生主义来取代民权主义，我认为，民生问题说到底还是民权问题。胡锦涛总书记讲的"科学发展观"，当然包括"民主发展"这项重要内容，我们应认真贯彻中央关于公民政治的有序参与进而提升政府公信力的理念。十多年前我曾借用恩格斯的一个判断

---

[*] 苏东斌，时任深圳大学中国经济特区研究中心教授。
[①] 《毛泽东选集》第 3 卷，人民出版社，1991，第 1031 页。
[②] 《毛泽东书面答路透社记者甘贝尔问》，《新华日报》1945 年 9 月 27 日。

演义出"货币瓦解公社、网络崩溃极权"的话语。[①] 应当看到，如果权力失控，社会一定失控。当今世界，"万岁"时代已经结束，公民社会正在成长。

　　另一方面却是：必须牢记，任何民主的诉求只有在宪法和法治环境下才能真正实现。任何脱离法治的极端与恐怖举动、暴力与镇压行为，社会都应予以坚决反对与制止！这就是历史的辩证法。

（2011 年 2 月）

---

① 苏东斌：《中国经济特区史略》，广东经济出版社，2000，序言。

这个思路行吗？

苏东斌[*]

据说设在深圳大学城的北大研究生院、清华研究生院、哈工大研究生院准备开办本科生班，专门招收具有深圳户籍的学生，以为深圳的发展更快培养人才。

我以为这是一个错误的思路和做法。

一是北大、清华这类学校是中国高等教育的先锋。本科生录取必须经全国高考统一招生，这对全国城乡人民才算是公平的，只招深圳考生，对广东都不公平。

二是这口子一开，深圳的"好学生"会"理所当然"地进入"中国名校"。"寻租"也就蜂起，腐败会成风气。

三是中国的著名高校本质有如"中央垄断企业"，这样蚕食"地方企业"，使其难以发展。在极为有限的生源内，会逼得诸如深圳大学一类高校只能走"深圳子弟特等高中"之路，这就搞乱了高校秩序，是一场教育大混乱，完全有违国家的反垄断法。

十多年前，我在深圳特区报以特邀评论员名义议论道："离开了未名湖就不是北京大学；离开了清华园就不是清华大学；离开了松花江就不是哈尔滨工业大学。"

今天，我仍然坚持这个观点。

一句话，办研究生班可以，办本科生班他们还不够格！因为没有足够的名校的师资力量，更缺乏相应的名校环境。那种所谓要办成全国一流商学院的说法，不过是宣传口号罢了，略有商业欺诈之嫌。

---

* 苏东斌，时任深圳大学中国经济特区研究中心教授。

办教育不是办企业，不能让几个借助于国家的垄断资源的企业拼命去"做强做大"，其余则是一片凋落，教育需要均衡发展。

请决策者慎重！

（2011 年 4 月）

话还没说完

苏东斌[*]

我估计上期的《建议活页》可能会引起一点反应。

但是，有些话并没有讲完。

第一，即使设立在深圳的"北京大学研究生院""清华大学研究生院""哈尔滨工业大学研究生院"将向全国而不仅仅是深圳招收本科生班，那么凭什么可以把实际上是全国的高三尖子学生从未名湖的北京大学赶到西丽湖（深圳大学城所在地）的北京大学深圳分校来?! 一个重要条件当然是降低录取分数线，而一旦降分，那么还是北大、清华、哈工大原来的标准吗?!

第二，几年后，这里的本科生毕业文凭是校长签发的神圣的北京大学呢？还是需要加上几个字（深圳分校）呢?! 如果不加几个字，不就等于欺骗吗？如果加上，学生不难为情吗？能甘心当一名稀里糊涂（西丽湖谐音）的北大学生吗？

第三，上述学校办深圳研究生院的性质和办本科生院的性质是不同的，前者是为了高层次专业人才的培养，而后者实为以拓展空间为名，疯狂抢夺土地资源获得暴利。建议决策者要警惕！要当心！须知上述中国名校是公立大学，是全国、全社会的资源，而不是私立大学。

第四，朱清时的"南方科技大学"是中国教育改革的伟大创举，应当得到支持。

第五，香港的大学因距离关系，无论是合作还是独办都是有条件、有基础的，因而深圳应当十分积极地与香港合作。

第六，哈佛大学、剑桥大学、牛津大学等世界名校之所以不可能在世界

* 苏东斌，时任深圳大学中国经济特区研究中心教授。

各地办本科分校，不是因为财力不够，而是不愿意以此糟蹋本校的声誉。

第七，否则，像深圳这类城市，可以请来全世界、全中国100个名校。好了，连签证都不用办，在深圳就可以上哈佛了！天下哪有这样的美事?!

试问，一旦生源锁定，深圳大学招来的四五流高中的学生怎么能培养出来？

总之，深圳市委、市政府的"要创新，请到深圳来！"是个优美、正确的口号！

而某几个人刻意打造的"读名校，请到深圳来！"却是一个不怎么样的错误广告！

（2011 年 4 月）

我们应该"复兴"什么？

苏东斌[*]

今天，"为了中华民族的伟大复兴"已经是一个十分重要而响亮的口号了。但是，我们到底应该"复兴"什么呢？

"复兴"的本意是恢复兴旺，这里有两点值得进一步研究。

第一，应该恢复我们这个民族曾经有过的优秀的而不是糟粕的东西。

比如，在中国古代所开展的哲学活动。春秋战国时期出现的"百家争鸣"的学术文化的繁荣局面，而不是汉武帝以后"罢黜百家、独尊儒术"的宗教化的供奉与崇拜"统一思想"的愚昧状态。

又比如被李约瑟称为处于世界科技巅峰的，超过了18世纪英国的欧洲工业革命的三大发明（印刷术、指南针、火药）的宋朝，其实质是在科技发展背后经历了一场"兴市废坊"制度性的"商业革命"。宋朝不像唐朝那样，把首都长安城的商业点"坊"用墙围起来，除了特定高官外，不准向街路开门，类似今天国企的垄断地位，绝不能"复兴"那种高度扼杀民间资本的中央集权专制的帝国王朝举国体制。

第二，毛泽东1975年的判断："百代都行秦政法"，这句话值得我们深思。

为什么一百年前孙中山已经建立了亚洲第一个共和国而到了1976年中国经济还能走到"崩溃的边缘"呢？这绝不能简单归于毛泽东一人发动"文化大革命"的错误，而是应当反思，从而认识到不彻底批判两千多年的封建理念是不可能把中国引向现代化的。

我在1995年《理性的浪漫》[①] 一文中引用日本大政治家、曾任7年首相

---

[*] 苏东斌，时任深圳大学中国经济特区研究中心教授。
[①] 苏东斌：《毕竟走出来了：中国的市场经济导势》，黑龙江教育出版社，1995，序言。

的吉田茂在《激荡的百年史》中的经典话语：外国文明的输入很容易破坏本土社会、文化和精神上的统一。在德川末期，一些思想家曾预想用"西方的艺术、东方的道德"或者是用"西方的学识、日本的精神"作为对付这种破坏的公式。

但是，这样的公式与实行近代化是相背离的。

为什么这么说呢？受倡导的文明原本是一个统一体，很难只采用它的科学文明技术。如果要采用西方先进的军舰和武器，就必须修建配合它的造船厂和兵工厂，为了使造船厂和兵工厂的功能得到有效的发挥，就必须让构成它的基础的经济活动能够得到顺利进展。

过去的儒教伦理将追求利润视为不道德的行为，这就产生了矛盾。因此，想要拥有军舰就必须影响到该国的文化。

然而，就算业已输入西方国家的科学文明技术，要吸纳其政治观点、思想方法等形成其文明基础的东西，仍然不是一件简单的事情。就是这样一些所谓的价值体系，如果没有经过漫长的历史过程，用自己的力量努力创造它，那么，努力改革的东西就不能够成为人们一种真实的道德基础。

所有的文明都包含着冒险精神，正如明治时期日本人面临外来文明的压力，无所畏惧地放弃了自己的喜好，吸纳了外国的文明。①

我当时的结论就是，改革绝不是再搞一场新的洋务运动，它是一种制度创新，一种文化变迁。工业批量产品难以呈现人的光彩与个性，正如爱并不是制造出来的一样，因为爱并不是一种技术。生命的原创力来自生命的深处，来自人格的内蕴。文化不能批量生产，感情尤其不能程序化进行。②

中国的改革应如邓小平讲的是"第二次革命"、叶剑英讲的在中国应"反对四人帮所代表的封建法西斯主义"。所以，只有扫除在政治上、文化上的封建性制度障碍，才能加快社会转型。

这也就意味着，中国的发展无论"特"到什么程度，说到底，改革开放30年以来的一切成就都是体现与遵循着人类文明的共同追求：现代市场经济和民主政治。

（2011 年 7 月）

---

① 〔日〕吉田茂：《激荡的百年史》，李杜译，陕西师范大学出版社，2005。

② 苏东斌：《毕竟走出来了：中国的市场经济导势》，黑龙江教育出版社，1995，序言。

奇文共欣赏

苏东斌*

对于当年苏联解体、苏共垮台的根本原因，经过30年的改革开放，本来中国思想界的主流早有共识，这就是：帝国总是要崩溃，人民一定要解放！可是近几年，一股思潮又在泛起。比如认为："苏联剧变的根本原因不在于'斯大林模式'即苏联社会主义模式，而在于从赫鲁晓夫集团到戈尔巴乔夫集团逐渐脱离、背离乃至最终背叛马克思主义、社会主义和最广大人民群众的根本利益。"①

这类典型的"叛徒说"，既违背了历史，又否定了逻辑，更不符合马克思主义的辩证唯物主义和历史唯物主义。这真是一段奇文，所以，我建议诸位还是有意识地欣赏一下。

我引来几段，可供批判时参考。

其一，国际社会公认的马克思主义者，现任俄共主席久加诺夫在他的代表作《前进——俄罗斯社会主义的前途》一书中鲜明地揭示："苏联没能够保留下来，是因为对政权的垄断腐蚀了党，是因为力求把绝对真理权掌握在自己手中，深信一种所有制形式的牢不可破。我们从这里得出了严肃的结论。现在，在俄共党纲中直截了当地写道：当任何一种所有制形式还没有充分利用自己的资源时，就不能用命令取消它，也不能把一党执政制度强加于社会，更不能把自己的意识形态变成唯一的意识形态。"②

早在1995年他就说："苏联和苏共垮台的基本原因是对财产、权力和真

---

* 苏东斌，时任深圳大学中国经济特区研究中心教授。

① 李慎明主编、陈之骅副主编《居安思危——苏共亡党二十年的思考》，社会科学文献出版社，2011，第17页。

② 〔俄〕久加诺夫：《前进——俄罗斯社会主义的前途》，吴昊译，当代世界出版社，2008，第36页。

理的垄断。它断送了国家，导致国家上层的腐化和变质，直接出卖民族利益。"①

其二，曾任苏共第二书记的利加乔夫指出："另一条路是回到过去，回到国家社会主义。这也是不能接受的。国家社会主义的潜力已经耗尽，并开始成为前进的阻力。"②

其三，曾任两届俄罗斯总统，现任总理普京说："苏维埃政权没有使国家繁荣，社会昌盛，人民自由。用意识形态的方式搞经济导致俄国远远落后于发达国家。无论承认这一点有多么痛苦，但是我们将近70年都在一条死胡同里发展，这条道路偏离了人类文明的康庄大道。"③

我这里要申明的是以下问题。

如果肯定了"斯大林模式"，那岂不等于说20世纪60年代的"反修防修""九评"等共产国际论战中国是正确的?!

如果肯定了"斯大林模式"那岂不等于说毛泽东亲自发动并领导的长达10年的"文化大革命"的宗旨都是"完全必要的，是非常及时的"?!

进而言之，如果真是那样，那我们今天怎么会得出中国的改革开放是"第二次革命"（邓小平语），"改革开放是决定当代中国命运的关键抉择"（胡锦涛语），这样的历史性结论?! 其实，所谓"中国特色的社会主义"首先就是"去苏联化""去斯大林模式"。

显然这绝对不是一个小是小非问题，而是一个大是大非问题，必须辩论清楚!

在2011年戈尔巴乔夫80寿辰之际，俄罗斯总统梅德维杰夫授予他俄罗斯最高荣誉勋章——圣安德鲁勋章。普京也赞扬他是"当代最杰出的国务活动家之一"。④

在《消息报》刊登的一篇访谈中，梅德韦杰夫称斯大林犯下的罪行永远不可饶恕。他说："坦率地说，苏联政权……只能被称为极权政权。在这个政权统治下，基本的权利和自由受到压制。"

他还以最清楚明白的方式对斯大林进行了谴责。他说："斯大林对自己

---

① 〔俄〕久加诺夫：《同真理报记者谈话》，《真理报》1995年10月24日。
② 〔俄〕利加乔夫：《警示》，当代世界出版社，2001，第375页。
③ 《普京文集》，中国社会科学出版社，2000，第5页。
④ 《报纸报》（俄）2011年3月2日。

的人民犯下了众多罪行……虽然做了很多工作，虽然在他的领导下，国家取得了诸多成功，但他对本国人民的所作所为不可饶恕。"

他在《消息报》的专访中说："是人民赢得了卫国战争的胜利，而不是斯大林，甚至也不是担任重要职务的军事指挥官。当然，他们曾发挥了非常重要的作用，但同时是人民难以置信的力量赢得了战争胜利，众多民众为此献命。"[1]

他严厉批评粉饰斯大林和斯大林主义的做法，说任何"国家利益"都不能成为开脱"消灭自己人"和"摧残人命"罪行的理由。[2]

据胡乔木讲述，当年毛泽东曾说："苏联揭露的斯大林统治，其黑暗不下于历史上任何最专制暴虐的统治。"[3] 邓小平曾说："斯大林严重破坏社会主义法制，毛泽东同志就说过，这样的事件在英、法、美这样的国家不可能发生。"[4] 毛泽东甚至还说过："不要一反斯大林，就如丧考妣。"[5]

那么，今天，应该如何来看待现在的俄罗斯呢？还是听听胡锦涛的权威性评价吧！

中共中央总书记、国家主席胡锦涛在 2007 年发给俄罗斯总统普京祝贺俄罗斯国庆时的贺信中郑重地指出，"近年来，在普京总统的领导下，俄罗斯实行了'强国富民战略'，经济社会各项事业全面发展，综合国力显著提升，国家面貌日新月异。在国际事务中，发挥着越来越重要的作用。中国人民对俄罗斯人民取得的成就深表钦佩和赞赏"。[6]

我以为，学术上当然可以争鸣，但前提是真相必须清楚；判断更可以有所不同，但史实绝不容任意颠倒！

(2011 年 10 月)

---

① 法新社 2010 年 5 月 7 日电。
② 法新社 2010 年 5 月 7 日电。
③ 萧冬连：《求索中国——文革前十年史》，红旗出版社，1999，第 50 页。
④ 《邓小平文选》第 2 卷，人民出版社，1994，第 333 页。
⑤ 吴冷西：《十年论战》（上），中央文献出版社，1999，第 15 页。
⑥ 《人民日报》2007 年 6 月 12 日。

应该隆重纪念的一个日子

苏东斌[*]

时间才是真实的历史，因为它只能一往无前，因为它不会虚应故事，所以，"时间"的确比"宣传"更加可爱。

20年前，邓小平发表了震惊中外的"南方谈话"。一扫当时极左阴霾，石破天惊地做出了在中国搞市场经济的伟大决策。至此，中共十四大才正式把建立"社会主义市场经济"写入中国改革开放的基本目标中。20年过去了，尽管荆天棘地、险滩峥嵘，这条改革开放的航船毕竟在乘风破浪中驶入了人类文明的汪洋大海。

历史是不会忘记1992年这个历史性转折的。

我一直以为，在《邓小平文选》中，除了"南方谈话"外，还有一篇经典的东西，即1980年被政治局通过的《党和国家领导制度的改革》一文。虽然由于时代与个人的局限，这个"宣言"收效甚微，但毕竟发出了正确而重要的信号。可以认为，这就是邓小平时代的未竟事业。

今天，中国的一切大成就，都可归功于改革开放，同时，面对的一切大问题，都又可以缘于对上述"宣言"的贯彻不力。

因为现代化是一个整体，改革开放是一个总过程。对党和国家领导制度改革，对政治体制改革是无论如何也绕不过去的。我坚信，所谓永远"不动摇"，应该而且必须包括邓小平当初的这个思想。

（2012年1月）

---

* 苏东斌，时任深圳大学中国经济特区研究中心教授。

不能把转型时期的过渡形式当作改革的目标模式[*]

苏东斌[**]

今天，为什么社会矛盾那么多？为什么社会分配不公引起那么大不满？为什么反腐败道路那么艰难？

这是因为：一方面市场经济体制并未真正确立起来；另一方面更重要的是党和国家领导制度并没有实质性改革，如因为没有根本改变权力过分集中又缺乏有监督的民主制度，所以也就很难建立起"法治社会"的坚实基础。

重要的是，今天改革的困境出现了新的状况。经过30年的改革与发展，中国社会已经逐步形成了不同的既得利益阶层。他们的行为特点是，既不迷恋传统的计划经济体制，因为那样，他们将失去积累的财富；但是，他们更加惧怕改革的深化，因为那样，他们将失去特权。所以，他们更希望社会发展保持着双重体制的胶着现状，并把这种过渡状态凝固化、定型化，甚至制度化。这样，他们就把转型时期的过渡形式当作改革的目标模式，这是相当危险与可怕的。建议深化改革，早日结束"半计划、半市场"的过渡局面，早日完成市场经济制度的真正确立。

(2012 年 2 月)

---

[*] 本文系作者在 2012 年 2 月 10 日"深圳市理论界纪念邓小平南方谈话发表 20 周年座谈会"上的发言摘要。

[**] 苏东斌，时任深圳大学中国经济特区研究中心教授。

把"削减权力对社会科学的过度干预"列入改革议程

张志宏*

目前，权力对社会科学过度干预的情况还较为普遍，严重制约民间智力开发和利用，制约社科领域创新活力和创新思想生产力，影响社会科学研究水平的提升和课题研究质量的提高。

原因如下：一是一些省、市级社会科学研究课题、软科学课题和自然科学基金课题等存在一定程度的权力垄断、部门垄断、少数机构内专家垄断、关系垄断现象，评估专家由资金主管部门组织，难免不受其影响；二是社会科学研究课题未能向社会全面开放，致使个人研究者、企业研究人员及境外机构、人员难以进入，如自然科学基金项目就明确要求研究承担机构必须是省级以上研究机构；三是基层应用型社科研究课题往往由少数领导确定，且只局限在少数公办研究机构选择，限制民营研究机构、企业研究部门和社会研究人员进入，也缺乏统一的质量控制机制；四是一些市级理论刊物发表文章存在依照行政级别或只凭收费登文，而不是按质量至上原则选文刊登的现象，与改革开放前沿的理论创新要求极不相称。

我认为解决的办法就是打破权力的干预，具体如下。

一是要向全社会开放各类社会科学研究课题，打破权力、资历、影响力、关系力对课题承包的垄断，全面回归专业研究能力和实际研究质量的学术标准，鼓励个人研究者、企业研究者、境外研究人员和机构参与社会科学研究。

二是要完善社会科学课题和论文评估专家选评机制。建立和扩充社科课

---

* 张志宏，时任深圳市龙岗区城市发展研究中心高级经济师。

题专家评估数据库,并完善随机抽取专家组进行评估的机制,亦可探索省级跨市选调评估专家组的新办法。

三是要制定明确规定,有效禁止社科课题资金的内部垄断、内部操纵和关系分配行为。

(2013 年 5 月)

法官是人不是神

——正确理解"个案公正"

黄亚英[*]

习近平总书记指出："努力让人民群众在每一个司法案件中都感受到公平正义。"那么，如何理解"个案公正"？我认为："个案公正"不等于"个案满意"或"人民满意"。

曾有高层司法界人士提出：努力使所办每起案件都取得良好的法律效果、社会效果，不断提高人民的司法满意度。我认为这种"个案满意"或"人民满意"的提法有待商榷。因为案件判决结果主要看它具体适用法律和办案程序是否严格和公正，无法依据抽象的人民满意度评价。原告满意往往意味着被告可能不满意。另外，"人民满意"中的"人民"是谁？是原告还是被告呢？

"个案公正"应理解为"司法公正"，而非"客观公正"。

一般老百姓会说，公正就是公平正义，更形象地说就是路见不平一声吼、"杀人偿命、欠债还钱"。但"司法公正"绝非如此简单，它不是朴素的主观公正，也非理想化的客观公正，它是高度理性和制度化的公正，是所谓"法律之内的公正"。

法官审理案件会遇到方方面面的问题，但每个案件的问题都可分解为程序问题和实体问题两大类。程序问题是正在发生和进行的各项活动，是"现在进行时态"，是大家都看得见摸得着的，所以司法中的程序公正完全可以用"看得见、做得到"的方式加以实现。而实体问题中的事实真相都是发生过的事情，是"过去完成时态"，在人类可感知的时间和空间意义上，案件

---

* 黄亚英，时任深圳大学法学院院长、教授。

事实都已经成为历史，是需要靠证据还原的。目前仅靠证据无法做到百分之百地还原案件事实真相。

由此可见，案件事实分为两种，即"客观事实"和"法律事实"。前者是需要穿越时光隧道才可还原和记录的客观事物，后者则是用办案中合法搜集的证据推断出的事实。法官办案无法依靠客观事实，只能采信法律事实。长期以来，有个口号叫作办案要"以事实为依据，以法律为准绳"。但从上述分析来看，更准确的提法应为"以证据为依据，以法律为准绳"。因此在法学理论上确立了"程序公正的绝对性和实体公正的相对性"这一行业理念。

总之，"司法公正"和"个案公正"都不能强求绝对的"客观公正"，因为法官是人不是神。

（2013 年 6 月）

尽早成立财政政策性文化产业发展银行

李文群*

无论是学界还是业界，大家都认识到，创意是文化产业发展的核心和灵魂，作为以创意为特色生产要素的文化企业，往往由于可供抵押的担保物少、无形资产评估难、抵押担保信用度低等，难以从商业银行获得信贷资金，发展举步维艰。

如何进行制度安排，化解文化企业融资瓶颈，促进文化产业健康发展，目前学术界还没有形成统一的看法。我的看法是成立财政政策性文化产业发展银行，理由有三。

第一，有利于缓解文化企业融资难等问题。财政政策性文化产业发展银行是由财政出资设立，为实现国家文化产业政策目标而采用有偿投融资手段的机构。资金的使用不以营利为目的，但可以向以营利为目的的文化企业贷款。这样，文化企业融资的规则将被打破，文化企业融资难问题将会得到缓解。

第二，有效化解文化产业的供求矛盾。文化产业的发展离不开市场，离不开文化产品的供给和需求。但是，任由文化市场自由发展，一方面可能会使文化产品长期供大于求，形成产品积压和资源浪费；另一方面也有可能会使文化产品长期供不应求，形成产业泡沫。运用财政政策性文化产业发展银行的财政、信贷手段，有所为有所不为，调节文化产品供求总量和结构，可有效化解文化产业的供需矛盾。

第三，调控文化产业的发展方向。文化产业具有经济和意识形态两重属

---

* 李文群，时任深圳大学副研究员。

性，当人们消费文化产品时，精神文化需求得到满足，这势必直接影响人们的思想道德、价值选择和审美观念。由于市场趋利性，文化产业承载的文化内容有可能是低俗的、落后的，文化产业发展有可能偏离正确的方向。因此，需要财政政策性文化产业发展银行调控文化产业融资规模和投向，反映政府扶持文化产业的意图，引导商业银行和私人资本跟随其后进行投资，拉动社会资本投向先进文化产业，引领文化产业发展方向。

从以上分析来看，成立财政政策性文化产业发展银行，对解决文化企业现实融资困难和促进文化产业健康发展具有巨大的作用，是一项较好的制度安排，越早成立越好。

（2013 年 9 月）

"延迟领养老金" 不是治本之策

李文群*

我国已进入老龄化社会,养老金账户入不敷出是不争事实。针对这种现实,有人提出"退休年龄不变,但领取养老金的年龄推迟到 65 岁"的养老金改革建议。我认为这个改革建议只能是"扬汤止沸",不能从根本上解决问题。

第一,即便多数人愿意延迟领取养老金,养老金缺口也可能补不上。随着我国人口平均寿命延长、老龄人口基数增大、老年抚养比快速攀升,养老金缺口将越来越大,延迟领取养老金在一定程度上可以缓解养老金入不敷出的问题,但从长期看,养老金缺口可能还是补不上。

第二,延迟领取养老金对国家来说是得不偿失。经济全球化是当今世界的发展趋势,全球化分工具有特别的重要性,谁占据产业链的制高点,谁的分配就多,效率也就更高。毫无疑问,在知识经济突飞猛进的时代,年轻人在产业分工中拥有更有利的条件,具有更高的生产率,延迟领取养老金将导致大量年轻人失业,社会的生产效率相对较低,国民收入剩余减少,这对国家来说是得不偿失。

第三,延迟领取养老金不是最优选择,至少还有三个比它更好的办法。一是将部分国有股本收益权划入养老金账户。国有资本是全民资本,按谁投资谁受益原则,国有资本的部分收益补充养老就是天经地义的事。二是国家基础建设可引进社会资本进行投资,腾出来的钱可用来做实养老金账户。若是老有所养,无后顾之忧,人们必会消费,这样同样也能扩大内需,带动经济增长。三是扩大社保基金运营渠道,确保基金保值增值。养老金投资股

---

* 李文群,时任深圳大学副研究员。

市、债市虽有风险，也没有什么可担心的，这也是基金保值增值的手段之一。

由此看来，延迟领取养老金只是"扬汤止沸"，不是治本之策，根本方法是改善人口结构，转变经济发展方式，提高劳动生产率，在国民收入的再分配中，采取多种方式做实养老金账户。

（2013 年 10 月）

再提中国高校事业单位年金制之建立

钟若愚[*]

事业单位改革，不仅要关注当下，更要着眼未来。如何体现对知识贡献、知识价值的尊重是事业单位改革的关键之一。只有充分激励知识投资、尊重知识价值，才能真正让高校教职工群体全身心投入、奉献。从长远看，对教育的投入、对知识的激励，是真正的总供给政策，这不仅是一国经济增长的长期动力，更是一国持续发展的核心竞争力。中国高校在不断出台约束机制的同时，也要高度重视基本激励机制的建设。

以养老和医疗为主体的社会保障，需要个人、单位、社会实现三方共济。"三方"和"共济"意味着：高校也要积极为自己的员工谋划未来，通过补充激励，用一切办法为自己的员工创造职业退休后领取基本保障之外的单位年金补充的条件。这才是高校激励自己的员工为高等教育事业奉献一生的应有作为，这才是中国高校"尊师重教"应该采取的切实行动。

三年前，在讨论深圳大学"十二五"规划座谈时，我曾作过"开中国高校之先河、率先建立事业单位年金制"的发言。不过没有得到任何回应。今天重提这一具体路径：建议深圳大学积极争取市委、市政府支持高校改革，抓住当前深圳财政及社会保障压力极小的机遇期，支持深圳大学通过社会捐助、上缴学费按比例返还积累、校办企业经营收入提成等多种途径，在中国高校率先建立事业单位年金积累制度。

不是任何变动均可称为改革，国家人社部10月首次公开表示：机关事业单位将建立职业年金。我首先要充分肯定社保部门对建立事业单位年金制的认可，但是，这样的表态却有混淆之处。其一，机关、事业单位社会保障制

---

* 钟若愚，时任深圳大学中国经济特区研究中心教授、深圳市应用经济研究会会长。

度改革的路径方向以及构建机制明显不同，岂能混为一谈？其二，真把机关和公务员加进来，一定会影响和延迟以高校为主体的公益性事业单位职业年金制的建立，不如分开设计。请千万要区别对待！

（2013 年 10 月）

关于广东率先取消 GDP 增长目标的建议

王苏生[*]

    我国习惯制定短期和长期经济增长目标，而且用 GDP 增速作为标的。制定 GDP 增长目标，尤其是短期目标，如果不顾之后国内外经济环境的变化，而且不惜一切代价地去实现之，则有可能弊大于利。理由主要有如下几点。

    其一，我国制定短期 GDP 增长目标的科学性和合理性值得怀疑。中国是世界上唯一给 GDP 下达硬指标的主要经济体，相比之下其他国家的政府或者央行只是预测短期 GDP 增速，并根据年中经济形势的变化经常修正预测值，而不是不顾一切用刺激政策使增速达到之前的预测水平。为什么其他主要经济体采用 GDP 预测而不是 GDP 目标？其主要原因在于，政府准确地制定符合经济规律的短期增长目标的能力值得怀疑，因此它们必须经常调整原先的增长预测来反映新的经济条件。

    其二，制定 GDP 增长目标加剧了政策失误风险。人非神仙，原先制定的增长目标在经济运行过程中由于外部环境发生始料未及的变化或当时的目标本身欠妥而无法实现，经济本身也具有周期性和波动性，正确的做法应是考虑是否需要调整目标，并且分析和应对达不到目标可能产生的社会影响，如失业、通胀等。如果此时依然硬着头皮，采取"有条件要上，没条件提供政策刺激也要上，不达目标誓不罢休"的策略，便很有可能导致政策失误。而且这种失误具有极大的后遗症，包括产能过剩、政府显性和隐性债台高筑、看得见的金融风险和不易看见的经济实体道德风险的增大。

    其三，制定增长目标不利于改变经济增长方式。中央层面经济增长目标

---

* 王苏生，时任哈尔滨工业大学深圳研究生院教授、博士生导师。

的制定并加以严格落实的意图，往往被地方政府解读为本地区亦需要不惜代价保增长，此种上行下效只能导致目标进一步提高。地方对增长目标的盲目追求往往是通过旧的增长模式来实现的，而这种传统的增长模式会导致地方政府债台高筑、地区生态环境恶化等一系列问题。

其四，从保就业的角度来制定 GDP 增长目标理由不充分。我国目前正处于刘易斯拐点，新增劳动力供应已经见顶，不需要更高的经济增速来吸纳新增劳动力。

我认为对广东而言，目前考虑放弃 GDP 增长目标的时机已经成熟。通过以经济预测取代 GDP 增长目标，广东放下的是 GDP 增长目标的包袱，换来的是更大的发展空间，即用全新的科学理念来重新规划广东未来经济社会发展方向。

（2014 年 4 月）

前三十五年改革开放的经验教训分享

陶一桃*

党的十八届三中全会将全面深化改革作为我国新时期的重大发展规划，回顾三十五年的改革开放历程，我以为曾经出现的一些阶段性问题仍然是值得注意的。

第一，政府及国有资本的投资方向问题。在转型攻坚时期仍需坚持并完善我国的基本经济制度，但在多元化产权结构的市场经济中，更应该做到以下两点。在制度设计层面上，调整国有经济的布局结构，划分政府投资的边界，扫清民间资本的进入障碍。在实际操作层面上，逐步消除限制非公有制经济的"玻璃门""弹簧门"，同时严格限制国有资本垄断链条向竞争性行业的延伸，加快国有资本从竞争性行业退出去的步伐。

第二，收入分配问题。我以为造成当今中国贫富不均、两极分化的根源在于增长方式、社会转型和市场经济的不完善。首先，在拉动经济增长的"三驾马车"中，我国主要靠投资拉动，这客观上决定了资本拥有者将成为最大的"赢家"。其次，在向市场经济转型过程中，部分人凭借"裙带关系"和寻租行为垄断了稀缺资源的支配权，凭借特权要素成为改革过程中的富有者。再次，在不完善的市场经济中，部分生产要素没有真正市场化，存在进入市场的"壁垒"，造成了资源配置的低效率和不平等。我以为解决收入分配问题需要良好的制度政策和执政者"以人为本"的理念。只有公平才能创造和谐，而一个和谐的社会才具有可持续发展的潜能，才能逐步形成橄榄型的分配格局。

第三，政治体制改革问题。改革初期我们将经济体制改革作为切入点，

---

* 陶一桃，时任深圳大学党委副书记、教授、博士生导师。

事实证明这是正确的。而随着经济体制改革的深入和市场经济的完善，政治体制改革已经被迫切地提到改革日程中。可以说改革成败的关键在于政治体制的改革，这不仅是我国社会深化改革所面临的艰巨课题，而且是实现中国梦不可逾越的历程。当今世界国家间的竞争归根到底是制度的竞争，而政府是制度这一公共物品的几乎唯一的供给者。因此，政府的认知能力、远见卓识和开明程度在很大程度上决定了改革的程度和深度。

第四，增长方式选择问题。我国改革开放初期，充分发挥了劳动密集型产业的比较优势，吸引外资促进出口取得了较大的发展。但是在2008年经济危机的冲击下，依赖外向型经济推动全社会经济增长的模式暴露出较大的局限性和不可持续性，并由此引发了国内社会矛盾的一系列连锁反应。这使我们深刻认识到：经济发展方式的转变必须考虑外向型经济本身的结构调整和转变，而拥有核心技术是关键。

（2014 年 5 月）

大学人才培养方向应与经济社会发展建立关联机制

——论深圳高等教育的特色兴起

刘　军

刘　军[*]

近年来深圳在优化人才环境、完善人才引进政策等方面做了大量卓有成效的工作。但是，深圳发展的高位瓶颈和其他地区后发优势的愈显，导致其引进人才的优势弱化，现行的人才战略已不能适应经济社会发展的需求，转变人才战略必须从引进为主转为培养为主。

深圳现高等教育培养基本上沿袭了国内的传统模式，存在人才培养方向与经济社会发展关联度不高、灵活适配性不够、人才规格与企业不对称等问题，缺乏一种行之有效、科学的高等教育人才培养方向与经济社会发展关联机制系统。

深圳要尽快提高高等教育人才培养效益，就必须注重研究与构建深圳高等教育人才培养方向与经济社会发展的关联机制，真正将高等教育人才培养环节放在深圳经济社会发展的价值链上作系统思考，整体运作，才是根本。

我认为一个完善的关联机制系统应考虑以下几方面。

其一，深圳产业发展对人才需求预测机制系统。

研究深圳经济社会发展中到底哪些因素在人才专业方向上有显著性作用，通过设计影响关联指标体系，构建关联机制模型，在现有资料信息搜集和充分调研基础上，运用大数据分析工具，即可在深度预测、分析和把握深圳产业发展中的人才结构性需求问题上有用。

其二，深圳人才需求与高等教育人才培养方向关联机制系统。

---

* 刘军，时任深圳大学管理学院教授。

通过分析深圳高等教育资源，更理性地看待深圳高等教育人才培养方向，包括专业类型、培养层次、内涵要求。如此，可较为准确提出深圳高等教育人才培养方向策略，使深圳高等教育资源规模扩充和速度决策有效。

其三，高等教育人才培养方向与经济社会发展关联机制配套制度系统。

通过实证研究，建立具有深圳特色的新型高等教育方向与经济社会发展关联机制，测算深圳产业人才需求结构并对应深圳高校资源，实现人才培养从传统"后发处理"到未来"先发机制"的转变，建立具有指向性的运用配套制度系统。

总之，关联机制的建立将为深圳高等教育决策提供崭新运作模式，为人才培养方向政策与制度调整提供方向标识，实现人才供求的关系控制前移，真正提高人才培养效益。也将为高校决策层优化配置资源提供方向信息，为受教育者提供未来职业导向性的路径信息，疏通用人系统与培养系统间的信息隔阂，实现信息的双向对称，降低社会运行成本。

（2014 年 6 月）

决定公务员养老金改革岂可"用手投票"

李文群[*]

公务员作为社会分工中的特殊群体，关于他们养老金改革的问题，一直是仁者见仁，智者见智。但无论看法如何，我认为公务员养老金改革都不可"用手投票"来决定，理由如下。

首先，人力资本价值规律具有客观性。公务员是公共产品的生产者和提供者，他们对国家的发展方向和民生福祉具有关键作用。这要求他们不仅要有较高政治素质和精湛业务技能，还要有全球发展眼光。按照市场供求规律，只有当工资价格相对较高时，才能聚集这类优秀人才到公务员队伍中来，这是世界各国的现状，也是事物发展的规律。不管你愿不愿意，这个规律都是客观存在的，与人的数量多少无关。公务员养老金改革牵涉利益广泛，作为利益群体，"少数服从多数"原则在这里不适用。

其次，公平不等于绝对平均主义。十八届三中全会指出，我国要建立更加公平、可持续的社会保障制度。在我看来，这里的"公平"不等于"绝对平均主义"。综观世界各国养老保险制度，从制度的设计上看，除了有基本养老保险，还有补充养老保险，基本养老保险体现绝对公平，补充养老保险体现效益基础上的公平。现在我国养老保险改革的方向是基本养老保险全国逐渐统一，补充养老保险包括职业年金逐步社会化。其实，这样的公平，从根本上体现了广大人民群众的利益。

再次，制度实施受交易费用制约。制度的实施需要考虑"交易费用"，这是不以人数多少为转移的。公务员养老保险原本是统一整体，现要将其分

成基本养老保险和职业年金两块。而且,我国经济发展还不平衡,各地工资水平参差不齐,职业年金水平各不相同,各个地方都要管理好自己的职业年金,这必将导致管理风险增大,"交易费用"增加,制度实施难度也就增强了。

因此,公务员养老金改革要有利于社会变革和国家发展,要按照事物发展的规律做好顶层设计,绝不能"用手投票"来决定公务员养老金改革。

(2014 年 7 月)

关于将"人民币"改为
"华元"（CN$）的建议

祁亚辉[*]

　　改革开放以来，随着我国综合国力、国际地位以及对国际事务影响力的不断提升，人民币在国际贸易以及国际金融体系中的作用也不断增强，开始了"国际化"的进程。在此背景下，我认为有必要适时将"人民币"改为"华元"，理由如下。

　　第一，适时适度推进人民币国际化是我国综合国力提升的必然结果，也是实现民族复兴中国梦的题中应有之义。我国已成为世界第二大经济体，第一大出口国和第二大进口国。截至目前，我国已与14个国家签订货币互换协定，总额超过1.4万亿元。人民币作为计价货币和结算货币的重要性正在稳步提升，作为储备货币和投资货币的职能也会逐步显现。当然，在可预见的未来，人民币还不会挑战美元的霸主地位，但适时适度推进我国货币国际化进程是必要的。

　　第二，实现一国货币国际化"名正言顺"很重要。我国货币取名叫"人民币"，有其历史缘由，也有其正当的政治意涵，但所具有的意识形态属性也是显然的。在推进外国货币国际化进程中，减少意识形态属性，回归货币作为计价、结算、储备、投资工具，十分必要。货币之间的较量，如同国家之间的交往一样，根本的在于国家利益。

　　第三，将"人民币"改称为"华元"，是实现我国货币国际化的重要步骤，也可为未来整合港币、澳门币、新台币预留出不可多得的制度空间，有助于实现海峡两岸暨香港、澳门在国际市场上共同打造统一的大中华强势货币的

---

　　* 祁亚辉，时任海南省社会科学联专职副主席、研究员。

战略目标。

第四，改名后的华元与改名前的人民币在币值上保持一致，以确保华元汇率的相对稳定，防范和打击国际炒家攻击，维护我国金融货币安全。

（2014 年 9 月）

深圳改革应直奔主题

魏达志[*]

十八届三中全会审议通过的《中共中央关于全面深化改革若干重大问题的决定》，为进一步深化改革提供了理论依据。其精神要领就在于：克服了过去那种大张旗鼓地提出改革目标，小心谨慎地出台改革措施；大张旗鼓地进行增量改革，小心谨慎地从事存量改革；大张旗鼓地进行改革试点，小心谨慎地进行改革推广的畏缩不前的改革风格与改革态势。形成了十八届三中全会之后特有的、具有改革攻坚气魄和价值、具有改革时间表和路线图的大格局，形成了改革的倒逼机制、公平机制和深化机制。

在目前政府仍然在大规模配置资源的前提下，我们提出以下建议。

其一，要按照改革的倒计时，尽快实现市场经济配置资源的决定性作用。改革既是利益格局的大规模调整，也是制度安排的大手笔设计，这一点目前政府还没有大规模地给市场让利，现在改革只是说政府用什么方法比以前将资源配置得更科学一点，更优化一点，更安全一点，效率更高一点，但依然还是政府自己在配置，所以并没有进行大规模的改革攻坚，也不可能取得应有的改革成效。

其二，需要大幅度调整政府与社会的利益关系。大幅度地应用财政资金让利民生，让深圳的老百姓能够真真切切地感受到与之前大不相同，让深圳的老百姓能够真真切切地感受到利益格局的充分调整。

其三，尽可能地实现改革与开放的互动，建立开放型的经济体系与制度。因为我们实行了三十多年的外向型经济体制已经被金融危机摧毁得几乎不能运转，而新的经济发展模式和新的制度安排还没有完全确立，应当尽快

实现向开放型经济体制和发展模式的转型。

其四，建议深圳在国际化进程当中率先实现立法的突破。现在人大立法也正在进行探索性的改革，比如深港合作当中有关经济贸易与城市管理方面的法律法规，就可以率先进行接轨与衔接。

深圳在党的十八届三中全会之后的大好背景下，应该可以而且能够创造一些改革亮点，但是我们目前的亮点都是在打外围战，深圳应该在新一轮的改革攻坚战中，继续走在全国的前列，这是我们的衷心期待！

（2014 年 10 月）

宪法的生命在于实施

黄亚英[*]

　　马克思曾将国家比喻为一架机器，它的运行需要严格的操作规程和持久不竭的动力，对国家机器而言，宪法是总操作规程，厉行法治是其平稳运行的持久动力。宪法的生命在于实施，而过去几年，我们对宪法的作用意义认识不足，对其实施更是"不知所措"，现实迫切要求我们深入思考如何才能使宪法成为真正的根本大法，如何更好地实施宪法，发挥其权威作用。在我看来，当务之急是做好以下四方面的工作。

　　一要激活人大制度，充分发挥各级人大对"一府两院"的监督作用。

　　宪法将人民代表大会制度确立为我国的根本政治制度。它规定了各级人民代表大会独一无二的重要法律地位和对"一府两院"的监督职权。因此发挥各级人大的作用是确保宪法真正实施的根本举措。

　　二要彻底改变依靠"长官意志"和"红头文件"治国理政的陋习。

　　长期以来，我国政府存在诸多与宪法相悖的治国理念和陋习，包括各类"红头文件"、领导的讲话批示等。而这些"长官意志"和"红头文件"往往缺乏法律依据，这与我国依法治国的方略背道而驰，必须坚决摒弃。

　　三要完善宪法实施所必需的立法和司法配套措施。

　　宪法的实施需要许多配套的立法和司法措施加以保障，而目前在宪法实施的过程中缺乏相应的立法和司法保障，要使宪法得以顺利实施，应加快这些配套"装修"的设计和施工。

　　四要尽快启动宪法修改工作，使宪法的实施制度更加完善和更具操作性。

---

　　* 黄亚英，时任深圳大学法学院院长、教授、博士生导师。

　　宪法本身的修改和完善直接关系到宪法实施和宪法作用的发挥，十八届四中全会也将此提上了议程。因此在下次宪法修改过程中，应重点修改和完善宪法的实施机制，使宪法的实施更加科学，更具操作性。

（2014 年 12 月）

国际金融中心最新排名
所折射出的深圳窘境

郭茂佳[*]

2014 年新华·道琼斯国际金融中心发展指数（IFCD）显示深圳在国内金融中心的相对排名有所下降，与排名第一、第二的上海和北京的差距进一步拉大，表现为明稳暗降，前景堪忧。我认为造成这种窘境的原因主要有以下几点。

一是国内外竞争日趋激烈。从国内来看，2014 年自贸区的设立，使上海的金融市场、产业支撑、服务水平等指标稳步前进，首次可以与香港叫板，力拔头筹之势难以阻挡；而城市建设和新三板落户推动了北京的突起步伐，其竞争力明显提升。从国际来看，随着经济持续升温和服务水平、国家环境的改善，东京元气恢复之势明显，新加坡赶超不息。

二是指标高分垄断格局固化。由于老牌国际金融中心城市分布格局已经形成，金融市场、服务水平和产业支撑三个指标的高分长期被老牌国际金融中心纽约、伦敦、法兰克福、巴黎和芝加哥占据。

三是深圳的上升空间被封。由于 2014 年香港成长停滞，内部政治、经济和社会环境的波动使其三项指标排名大幅下降，香港国际金融中心的往日雄风已难再现，必然使背靠香港这棵大树的深圳潜在发展空间大打折扣。

虽然深圳跻身国际金融中心行列挑战重重，但从排行榜中可以看出，国际金融中心有"亚移"和"中移"之势，这有助于将深圳国际金融中心做大做强。我认为深圳要想抓住机遇变窘境为胜势，还需重点在以下三个指标的改善上做文章。

---

* 郭茂佳，时任深圳大学中国经济特区研究中心教授。

一是要完善发展指标，即建立创业板和新三板间的转板机制，拓展深圳股票市场的广度和深度，以展现深圳金融中心的高成长性。

二是要提高服务水平指标，即要利用传统服务水平指标下滑的有利时机，通过实现股票市场"深港通"来提高深圳金融市场的开放水平，改善金融中心建设的软环境。

三是要提升国家环境指标，即尽快将前海自贸区建设上升为国家战略，以争取更多的政策红利，提升国家环境指标的综合评价得分。

（2014 年 12 月）

政府急需出台生育二胎配套政策

马春辉[*]

随着中国的人口老龄化，放开二胎政策已经在很多省份推行。但从实际效果看，居民生育第二胎的意愿并不强烈，真正付诸实践的更少。我认为一个重要原因是政策不配套：二胎政策不是一个单一的人口政策，需要很多配套政策，人们才有可能产生生育的意愿，否则，生育二胎政策难以落实。

第一，现行的独生子女优惠政策需要调整为政策性二胎的普惠政策。独生子女政策在我国已经实施了几十年，符合条件的独生子女均享受政策优惠。如果放开二胎政策，第二胎小孩能否在上学、保健、保育方面享受独生子女的各项权利？产妇是否也像生育第一胎一样享受规定的产假？这就涉及独生子女优惠政策需要向政策性二胎的普惠政策转变。

第二，妇女就业政策。生育一胎后，妇女就业已经有一定困难，如果再生育第二胎，育龄妇女已经三十多岁了，再就业可能更困难，如何加强对妇女社会福利、就业等权益的保障，政府有关部门需要研究，并出台相应的政策。

第三，休假制度。一个家庭抚养两个小孩，家庭负担会加重，特别是对孩子教育的负担会更重，父母需要花更多时间照顾和教育孩子。这就要求政府对现行的假期制度进行改革，以适应人口政策的变化。

第四，住房政策和税收政策。人口增加，住房紧张的局面会进一步加剧，对于保障性住房的分配政策需要调整。如果育龄妇女生育二胎，一个家庭可能在相当长时期只有一个人上班，如果个人所得税仍然按个人所得征收，一定会降低生育二胎的家庭的生活水平。需要将个人所得税改为按家庭

---

* 马春辉，时任深圳大学传播学院副教授。

征收所得税，以鼓励生育二胎。

第五，增加教育、医疗投入。到目前为止，我们国家仍然没有解决上学难、就医难的问题。放开二胎政策后，少儿人口数量增长过快，现有的学校和医院更不能满足社会的需要。因此，各级政府需要增加教育支出和医疗投入。大力发展民办学校和私立医院，将民间资本、社会资本引入公办学校、公立医院建设体系当中，也许是缓和学校和医院供需矛盾的有效途径。

（2015 年 4 月）

应对国人境外大规模消费四大对策

祁亚辉[*]

2015 年，我国春节出境旅游人数达到 518.2 万人次，同比增长 10%，首次超过国内跨省游，占出游总人数的比例在 60% 以上。大规模的海外购物引起多国媒体关注的同时，也给我们带来了深思：在中国经济发展进入新常态，正处于转型升级、提质增效、爬坡过坎阶段，这种大规模境外消费现象很值得研究。

我认为引发境外大规模消费潮的原因如下：一是伴随着收入水平的显著提高，人们的消费结构和消费倾向发生了变化；二是人民币升值直接刺激了境外旅游和购物。

然而这种大规模的境外消费，会减少我国关税及相关税收，降低国内需求，削弱高端消费对国内产业结构调整、技术研发、制造升级的引导和牵引作用，对国内经济发展和既定战略目标的实现产生重要影响。为此，我们应当高度重视对已经出现并存在继续扩大趋势的大规模境外消费现象的研究，有针对性地展开相应政策设计。

一是进一步降低高端消费品进口关税，特别是应当针对那些替代率较低的高端消费品进口，采取"定向降税"措施。

二是加快提升国产消费品特别是食品、药品的质量、功效和安全性。把确保国产消费品的安全纳入法制轨道，守住"安全消费"的法治底线和社会道德底线，依法严厉打击食品、药品违法行为，大幅提高违法成本，使违法者永久丧失再从事相关行业生产经营活动的资格，营造"违法者出局"的市场法治环境。

　　三是加快提升国产日用消费品的人性化研发和设计水平。鼓励企业把发展的重点由注重"价廉"转移到"物美"上，用品质高、做工精、功能多、实用强等特性，来提升国产消费品的品牌价值和消费者信心。

　　四是强化对高端消费品研发、生产、销售的扶持。把加快奢侈品产业发展纳入"转方式、调结构"的总体布局中，作为推动制造业转型升级的重要切入点之一，纳入"十三五"规划和"中国制造2025"战略布局之中，把高端消费品产业培育成中国经济发展的支柱产业之一，推动中国从高端消费品消费大国向生产大国、研发大国、设计大国和出口大国转变。

（2015 年 5 月）

解决农村老年人养老问题的路径

沈万根[*]

截至 2014 年，我国 60 周岁及以上老年人口超过 2 亿，其中农村老年人口占 60% 以上。农村老年人的年收入在 5000 ~ 8000 元不等，主要来源于土地转让、救济补贴、养老保险以及子女给予，而 90% 以上的收入都用在医疗支出上。如何解决好农村老年人"老有所养、病有所医"问题，已经成为政府和整个社会面临的现实课题。目前，我国社会农村老年人的医疗保障水平较差，新型农村合作医疗的报销范围窄、报销比例低，而且农村医疗卫生资源配置不合理。同时，社会对养老服务的资金和人才投入也不足。为了尽快解决上述农村老年人养老问题，我认为可以选择以下路径。

第一，逐步扩大农村老年人低保范围。调查员通过对农村老人家庭和真实生活状况的实地调查，确定低保的参加名单，使农村参保方式更加人性化。按照各县市的工资水平、物价水平等合理安排发放金额，对有特殊困难的农村老人，筹措各方资金给予额外补贴。

第二，完善农村老年人的医疗保障体系。将农村老年人常见慢性病、意外事故引起的疾病等均纳入医疗保险范围，并提高药品、门诊费、大病治疗费等的报销比例，提高基层卫生所（院）和药店的普及度和服务质量、农村医务人员的专业医疗水平。同时完善农村医疗设备及药品种类，并做好维修检查和药品质量把关工作。

第三，拓宽居家养老服务业发展资金渠道。建立农村居家养老项目整体财政预算制度和机制，加大对农村居家养老服务设施建设、检修，养护员培训，农村老人福利补贴等方面的财政支持。同时，倡导通过捐赠建立农村居

* 沈万根，时任延边大学马克思主义学院教授。

家养老慈善基金。

第四，加强居家养老服务人才队伍建设。要推进养老服务管理专业教育，培养农村居家养老服务专门人才。鼓励高校设立养老服务方面的专业课或选修课，并为选择农村居家养老服务工作的毕业生提供政策优惠。同时，对农村养老全职服务人员实行岗前、入岗和上岗期间的培训、考试和定期考察"一条龙"的培训方案。

（2015 年 6 月）

建设新型的中国直辖市

马春辉[*]

  建设新型的直辖市体制是城市发展的必然结果。目前我国城市化水平已超过50%，随着城市化的稳步推进，大量的农村人口涌入城市，城市人口数量及其结构发生了较大变化。另外，改革开放后经济发达、地理位置独特的城市不断增加，一省（区市）甚至出现了多个经济中心城市。旧的城市管理体制显然已经不适合当代社会管理需要，亟须改革创新。我认为应该综合考虑经济因素和国家宏观经济社会管理的需求，增设新型的中央直辖市，推进城市管理体制的创新。

  目前我国除中央四个直辖市外，还有15个副省级城市，其中既有广州、南京、武汉、成都、西安、沈阳这些传统的大区中心，又有杭州、济南、哈尔滨、长春4个较为突出的省会城市，还包括深圳、厦门、宁波、青岛、大连这5个计划单列市。我认为可以先增加下列城市作为中央直辖市：深圳市、厦门市、苏州市、大连市、青岛市、乌鲁木齐市、包头市。之后还可以考虑增加哈尔滨、长春等地作为直辖市。

  乌鲁木齐建立直辖市，可以把兵团纳入进来，现在兵团下面实行城市建制，但兵团不是一级政府，没有人大，它本身无法对下面各师团建市进行管理，如果实行直辖改革，可以理顺兵团、师团建市与上级政府的关系。包头建立直辖市主要是开发边疆治理边疆的探索思路。深圳、厦门、苏州、大连、青岛建立直辖市主要是因为这些城市改革开放早，已经成为区域经济中心。这些城市设立直辖市可以探索不同的经济发展模式和社会管理模式。城市社会管理体制、经济管理体制、行政管理体

---

 * 马春辉，时任深圳大学传播学院副教授。

制与传统以农业为主体的社会管理体制、经济管理体制、行政管理体制有根本的区别，对中国未来的行政管理体制是一个挑战。增加中央直辖市的数量，可以为未来的经济和社会管理积累经验。

（2015 年 9 月）

不容混淆公有、公营与公益企业

钱 津[*]

在全面深化改革的进程中，需要认真做好基础理论研究工作，不能在整体方案的设计中无视客观逻辑约束，将公有制企业、公营制企业以及公益性企业相混淆，统统称为国有企业。

准确地讲，只有社会主义全民所有制的公有制企业是国有企业。这一类社会主义公有制企业只是存在于社会主义国家，非社会主义制度国家没有也不可能设立国有企业。中国是社会主义国家，虽然处于社会主义初级阶段，但必然要设立国有企业。国民经济中的社会主义公有制性质的国有企业是中国社会主义市场经济的一个重要组成部分。

在目前的国有企业改革中，应当从原有的国有企业中分流出一部分公营企业。在社会主义初级阶段，公营企业虽然不可或缺，但不能将其继续混合在国有企业之中。公营企业不是公有制企业，不能因为也姓公就将其列入公有经济范畴。公营企业是国家资本主义性质的企业，基本上全世界每个国家都设立这一类企业，只不过数量多少不同。这一类企业与公有制性质的国有企业是完全不同的，它们又称政府企业、公企业或公共企业，不论怎样称呼，实质上都是公营企业。在各个国家或地区，没有人将它们称为国有企业，也没有人将它们称为公益企业。它们是由政府出资设立在非竞争性领域的企业。

在市场经济中，公益企业是指为了发展公益事业而设立的企业。并不是说政府设立在非竞争性领域的企业也可称为公益企业，在经济学中，公益性同垄断性不同，是具有自身特定含义的。

---

* 钱津，时任中国社会科学院经济研究所研究员。

　　总之，深化国有企业改革是艰难的，因为这是对公有制企业进行的改革。此外，中国还必须明确界定公营企业的存在，进行不同于国企改革的公营企业改革；必须有效维护在工商管理部门登记的公益企业的存在及其利益。

（2015 年 10 月）

塑造在"新常态"下的创新劳动合力

裴小革[*]

2014 年习近平总书记首次提出了经济"新常态",之后随着 2014 年经济统计数据以及 2015 年 3 月李克强总理所做政府工作报告的公布,经济"新常态"成为人们日益关注的新概念。但有些人片面地认为,这种新常态就是为GDP 下调、经济增速放缓做解释,以后发展已经不再重要了。这是不对的。我国是世界上最大的发展中国家,仍处于并将长期处于社会主义初级阶段,发展仍是硬道理,仍是解决我国一切问题的基础和关键。我们说经济进入了"新常态"的中高速发展期,并不是要放弃经济发展,而是要通过推进全面建成小康社会、全面深化改革、全面依法治国、全面从严治党,调动亿万人民群众的积极性和创造性,塑造在"新常态"下推进"四个全面"的创新劳动合力。

凡是通过自己努力做出创业型创新劳动和就业型创新劳动的人,都是素质较高的人,只是素质的组成部分和表现形式有所不同,有的人主要靠创业方面的素质运用创业型创新劳动在"新常态"下推进"四个全面",有的人主要靠就业方面的素质运用就业型创新劳动在"新常态"下推进"四个全面",当然更多的人是靠综合素质或靠各种素质的合理组合运用创新劳动在"新常态"下推进"四个全面"。不同创新劳动在"新常态"下推进"四个全面"有着相辅相成、互相支撑的关系。

所以要在"新常态"下推进"四个全面",必须最广泛、最充分地调动一切积极因素,发挥各方面的创造活力,全面贯彻尊重劳动、尊重知识、尊重人才、尊重创造的方针,形成与推进"四个全面"相适应的创新和创业就

---

* 裴小革,时任中国社会科学院经济研究所研究员。

业机制，营造鼓励人们干事业、支持人们干成事业的社会氛围，放手让一切劳动、知识、技术、管理和资本的活力竞相迸发，让一切创造社会财富的源泉充分涌流，以造福于人民。适应经济全球化发展趋势和科技进步加快的国际环境，适应推进"四个全面"的新形势，进一步解放和发展生产力，进一步营造平等竞争、共谋发展的法治环境、政策环境和市场环境。把亿万人民的聪明才智调动起来，使创新创业蔚然成风，让创新创业之树枝繁叶茂。

（2015 年 10 月）

改革并完善中国股票市场制度的建议

马春辉[*]

中国股票市场走过了二十多年的历程，为中国经济发展提供了必要的资金支持。与此同时，我们也发现中国股票市场制度的不完善已成为中国股票市场进一步发展的障碍。如何完善中国的股票市场制度？

一是建立证券市场重大问题决策委员会。中国股市经常暴跌，牛短熊长。关键是我们面对股票市场出现的问题，决策经常滞后，而且决策机构仅是证监会的官员，这就决定了决策的局限性。因此我认为需要建立一个由官员、实业家、学者共同组成的中国证券市场决策委员会，每两年改选三分之一。并定期组织会议讨论，对一个时期的重大问题提出咨询建议，供决策部门参考。

二是实行"T+0"制度。在股票建立初期，我们的股票市场实行"T+0"交易制度，后来为了抑制投机性，由"T+0"交易制度改为"T+1"交易制度。二十多年过去了，股票市场的情况发生了较大变化，一个最大的变化就是引入股指期货交易。股指期货交易是实行"T+0"交易制度，而且股指期货交易90%是投机盘。所以在现在的制度下，再限制股票现货市场实行"T+0"交易制度，显然是不公平的，也不利于股票市场流动性发展。因此，股票现货市场应当改为"T+0"交易制度。

三是进一步规范信披制度。我们现在虽然有信息披露制度，但很不规范，应当披露的信息，没有及时披露，而不需要披露的信息又乱披露，这就造成了很多混乱。为了股市的长远发展，信披制度必须进一步规范。

四是提高上市公司违规违法的成本。上市公司是公众公司，投资者只能

---

* 马春辉，时任深圳大学传播学院副教授。

根据已有公开信息进行投资。有些上市公司的一些违规违法操作使投资者蒙受巨大损失，而事后对这些违规违法上市公司处罚较轻，而且有一些现象重复发生。产生这些问题的主要原因是上市公司违规违法的成本低，因此，需要提高上市公司违规违法的成本，使上市公司不敢违规违法。

中国股票市场不加强制度建设，对于注册制的推行是一个重大阻碍。

（2015 年 11 月）

国有企业与公营企业的主要区别

钱 津[*]

自 1956 年社会主义改造完成至 1978 年改革之前，中国一直将公营企业归入国有企业范畴，国有企业一统天下。而改革改到今天，事实上又将国有企业混同于公营企业，以公营企业的设立模式替代国有企业改革，从而使当前全面深化改革难以推进。我认为从性质界定上来看，国有企业是社会主义性质的企业，公营企业是国家资本主义性质的企业。除此之外，这两类不同性质的企业还有以下明显的区别。

在世界历史中，国有企业只存在于社会主义国家；而公营企业存在于世界上的各个国家或地区，包括社会主义初级阶段的中国。

在生产方式上，国有企业实现了劳动者与生产资料的直接结合；而公营企业依然是劳动者与生产资料的间接结合。

在经营范围方面，国有企业只能在竞争性领域从事生产经营活动；而公营企业必须坚守在非竞争性领域。

在企业管理方面，国有企业通过改革必须实现政企分开，这是其改革的核心要义；而所有的公营企业都必须是政企不分的，必须听从政府的支配。

在企业的权属方面，国有企业的所有权归全民所有，由中央政府和各级地方政府分级代表全民运作；而公营企业的所有权分别归各级政府所有，因而公营企业分为中央公营企业和各级地方公营企业。

在企业设立的目的上，国有企业是国家建立社会主义社会制度的经济基础，设立国有企业是为了实现社会主义革命的目的——消灭资本主义剥削制度；而公营企业是政府通过直接投资干预经济运作的手段，以有效地维护市

场经济运行秩序。

　　总之，国有企业与公营企业的各个方面都是不同的，国有企业改革与公营企业改革更是截然不同的。这两种性质的企业必须分开改革才能共同发展。在社会主义初级阶段，中国既需要国有企业作为社会主义制度建立的经济基础，作为市场经济体制的中国社会主义特色；又需要同世界上各个国家或地区一样规范设立公营企业，履行政府在经济管理中的直接投资职责。

（2015 年 12 月）

改进新闻报道稿写作的建议

祁亚辉[*]

我们时常可以看到有些媒体包括一些官方媒体在有关查处案件新闻报道的写法上存在错误和疏漏，容易引起读者误读或社会误解。比如，关于查处假冒伪劣食品、药品、用品，以及走私货品（如象牙）、非法交易物品（如毒品）等的新闻报道中，往往会写上案值是多少万元，有些案值超千万元甚至超亿元！也许记者觉得不写明案值之大，就不足以表明对这类案件打击力度之大，打击成效之显著。其实，这是一种十分严重的误导。

我们应当明白，既然是假冒伪劣用品、走私货品、非法交易物品，都应当是国家有关法律法规所不允许生产或交易的，就不应当有价格，更不应当有价值。因此，对这些非法生产和交易的打击，就不应该有所谓"案值"之多少。如果官媒新闻报道中明确表示有"案值"，那么是否意味着官方（或某执法机构）是认可这些物品的生产和交换，因而是可以核算生产成本，可以明码标价交易的？答案显然是否定的。

其实，为了显示对有关非法物品生产或交易的打击力度与成效，在新闻报道中只要写明打击的频次、缴获的数量、抓获嫌犯的人数等内容即可，比如，收缴了多少克海洛因、多少吨象牙、多少千克霉变月饼、多少盒过期药品，抓获多少嫌犯，破获多少犯罪组织或网络等，完全没必要用非法生产或交易物品的价格来反映。

为此，建议各类媒体特别是官方媒体的记者、编辑尽快改正习以为常的观念和写法，杜绝新闻报道对读者和社会大众的误导。同时，也建议新

---

* 祁亚辉，时任海南省社会科学院副院长。

闻出版管理机构对此提出明确的责任要求，严格监管制度及相应的惩处办法。

（2015 年 12 月）

在扶持创客方面政府应该更理性

陶一桃[*]

    李克强总理关于"大众创业、万众创新"的理念是一个激荡人心的口号。我以为这一理念的根本目的是要使我们的民族,尤其是青年一代具有创新的精神与意识,让创新成为一种信仰。同时还意味着中国社会的经济增长方式将发生根本性的转变,创新驱动将成为中国未来经济可持续增长的一种具有深远意义的选择。

    从创客意义上说,作为改革开放先行先试的深圳可谓中国最早的创客,也是中国最早培养创客的"摇篮"。从深圳大学走出来的马化腾就是中国创客最杰出的代表之一,他不仅以创意改变了 13 亿中国人的生活方式,也改变了世界。

    但是,创客不能也不应该是一场非理性的全民运动,而首先应该是一种信仰,以及与信仰相联系的一种从容并具有朝气的生活方式。我们一定要摒弃运动式的思维惯性,摒弃"大跃进"的急功近利的心理和从众的狂热心态,要尽快建立起一套以政府倡导、鼓励为引导,以社会资本参与为主体,以市场化运作为规则的有序、理性、可持续发展的社会机制,让创客真正成为创造思想与财富的源泉。

    我们的政府应该积极支持、鼓励创客,甚至可以以设立产业基金的方式扶持创客,但不能大包大揽,同时还要控制好风险。因为想成为创客的比能成为创客的多,能成为创客的比能成功的创客多。13 亿人中有一个马化腾、马云就已经很了不起了。所以我们要一方面包容失败,另一方面又不能不加评估地、无休止地为一切失败埋单。在扶持创客方面,政府更重要的职责是

---

    * 陶一桃,时任深圳大学党委副书记、纪委书记,中国经济特区研究中心主任、教授、博士生导师。

提供平台，创造、营建宽松、包容的制度文化环境，政府不是天使，而是天使的保护者。

鼓励、引进社会资本参与创客，遵循市场运行规则是创客可持续存在、成长的必由之路。如果创客是毫无成本并无须承担任何失败代价的，那么那些为创意者提供的创客空间可以是思考、发明者的家园，也可能会成为投机者的天堂。我们的社会不仅要培养具有创意理念、创新精神与能力的人，同时还要培养具有冒险精神、担当勇气及社会责任感与使命感的公民。担当的勇气加创新的精神与使命的情怀，才是真正的创客。

我们的社会不会因为缺少奇迹而"枯萎"，但会因为缺少创造奇迹的思想而失去生命力，奇迹的创造绝不是狂热的结果，而一定是理性的收获。

（2015 年 12 月）

关于提高产业政策整体合力的建议

张明龙[*]

促进区域经济发展的各项产业政策都有其特定的调节对象。这些政策在对其调节对象产生强制力的同时，又会与其他政策的强制力融合起来。在政策合力形成的过程中，只有方向一致的作用力，才能通过矢量相加产生更大的合力。反之，只能产生较小的力量，甚至由于完全抵消而没有任何效果。

建设和完善促进区域发展的产业政策体系是一个系统工程。首先，必须依据促进经济发展的具体要求，制定和完善各个单项产业政策。其次，在单项产业政策的基础上，分别理顺产业结构政策体系、产业组织政策体系和产业布局政策体系。再次，三大不同系列的产业政策体系，通过体系内部各种产业政策要素融合，形成体系内统一的产业政策机制，再通过各个体系产业政策机制之间的相互融合，形成一个浑然一体的产业政策整体融合机制，并由这种产业政策整体融合机制，对区域企业的发展与创新行为，产生综合的调节作用。

为此，建议有关部门根据实际需要，努力做到以下几点。

一是制定促进经济发展的统领性产业政策，使其能够对整个区域企业的发展与创新活动，发挥总控制、总协调的作用。

二是制定促进经济发展的系统性产业政策，努力扩大产业政策的作用范围，使其能够覆盖区域不同系统企业经营管理的方方面面。

三是制定促进经济发展的多样性产业政策，不断提高产业政策调节机制的针对性，使不同类型的区域企业都能参与发展与创新活动。

四是制定促进经济发展的互补性产业政策，充实和完善不同系统、不同

* 张明龙，时任浙江省临海市台州学院副校长。

范围和不同时差产业政策的功能，使它们能够起到更好的调节效果。

五是制定促进经济发展的交替性产业政策，抓紧推出体现新目标的新产业政策，及时取代已经过时的旧产业政策，使产业政策具有强烈的时代性特点，能够按照时代要求促进区域企业的发展与创新。

（2016 年 3 月）

学术期刊的社会责任

陶一桃[*]

  学术期刊不仅是思想的载体、传播知识与价值的平台，更应该是一个社会理性而冷静的头脑，体现客观、科学、公允的良心。学术期刊的社会责任，不是在其原本职能之外多承担的另一份职责，而是其自身原本就拥有的使命。这正如阿玛蒂亚·森所著《以自由看待发展》的内在逻辑一样：自由从来就不是作为发展后的结果而存在的，其本身就构成了发展的内容。我以为，学术期刊的社会责任通过编辑者包括评价体系、技术手段在内的价值导向和偏好，作者的学术价值取向和责任感等因素共同展现出来并影响、引导着社会。

  首先，学术期刊应该以高贵而正直的文化力量影响社会。文化作为一种观念不能直接改变社会，却能改变人，而人则能改变社会。学术期刊不同于其他刊物的一个重要特质就是，它是思想者创造思想、展示思想、传播思想、探寻真理的学术平台。从根本上说，应该是文化的人，甚至可以说是一个社会最有文化价值感和责任感的人维系着学术期刊的运行，决定着学术期刊的质量。古人"先天下之忧而忧，后天下之乐而乐"的情怀，道出的也正是学者抑或读书人似乎与生俱来的社会责任。我们可以不得不暂时承受商业社会肆无忌惮的功利，我们甚至可以不得不暂时接受浮躁文化的横流，但是我们绝不能长久地放任学术文化的功利与浮躁。因为，当一个民族的学术和做学术的人也都放弃对文化的高贵和高贵文化的坚守时，我们失去的不仅仅是文化与学术本身，更有社会的正义与良知。

  其次，学术期刊应该以其科学、客观、公允的学术品格引领社会。从操

---

 * 陶一桃，时任深圳大学党委副书记、纪委书记，中国经济特区研究中心主任、教授、博士生导师。

作层面上来说，学术期刊所应该具有的良好的学术品格，在一定程度上取决于学术期刊的价值取向和编辑者的个人职业操守与信仰。但从根本上说，则取决于社会相关制度环境与制度安排的内在导向。有怎样的制度安排，就会有怎样的人的选择行为。生活实践告诉我们，群体的选择行为是制度和制度环境的产物，而非简单的个人理性和良知的结果。所以，制度的文明既决定了社会选择的文明，又决定了社会人的选择的文明，更决定了学术期刊的道德品格。当学术期刊被附加上额外的"工具意义"的功能时，比如成为评定职称不可或缺的重要依据，或获取学术荣誉不可或缺的评价体系中的重要指标，并且这一切又都被我们的社会给制度化了，那么"工具意义"制度上的强化作用和现实上的功利取向，既可能会折损学术和学术期刊的道德品质，也可能会消磨学术和学术期刊的科学的属性、客观的本性和公允的道德性。我们的社会的确需要更好更多的研究成果，但学术研究的真正目的不是创造数量。同理，学术论文转引的真正意义也不在于转引率高低本身。在这方面，问题有可能并非简单存在于评价体系自身，而是人们如何去使用既有的评价体系。如果一个社会以唯 GDP 导向来评价社会发展成就与水平，那么它无疑会带来以更多的资源财富的消耗来创造财富的恶性循环。以学术论文的数量作为考核学者学术贡献的"学术 GDP"做法，不仅会丧失学术所固有的严谨，还会使我们的社会失去学者的尊严和学术的崇高。

最后，学术期刊应该以学术的规范、包容的胸怀和学者的良知引导社会。学术规范不是一个单纯的技术问题，而是一个由道德决定的制度约束问题。但说到底，真正能够约束人的选择行为的不是制度本身，而是制定制度并又在制度框架中生活的人。由于制度具有先天的不可完善性，所以人的投机主义行为既可以利用制度违反制度，又可以堂而皇之地钻制度的空子。因此对学术规范的坚守是一种心灵的自我坚守。从根本上说不是浮躁的社会塑造浮躁的人，而是浮躁的人塑造了浮躁的社会。有人说，不同的文化以不同的方式塑造着不同的民族，不同的民族又以不同的方式创造着不同的文化。借用这个逻辑，我们可以说，有什么样品格的学术期刊，就有可能在相当大程度上造就具有什么样品格的学者群体。一个好的学术期刊应该是培育、缔造真正学者的坚实的大地，产生优秀思想家的自由的天空。

尽管学术期刊具有专业属性，但无论如何，一个国家或民族对史学研究的看重，是对现代与未来的一份责任的坚守。有时我们在前行中屡犯错误，往往不完全是由于我们缺乏知识和智慧，而是由于我们不了解或忘却了历史。一个民族能向后看多远，就能向前走多远。

对研究方法的兼容并蓄，是对学术自身规律的遵守，也是学术理应具有的胸怀。研究方法上的学科借鉴，甚至交叉学科领域中研究方法上的创新性使用都是一种学术的拓展与进步。但若以某一种研究方法为时尚并排挤其他研究方法，则是狭隘而又缺乏智慧的。研究方法就是方法，其本身不是目的，而是达到目的的手段或途径。这正如数学对于数学家来说是内容，而对于经济学家而言只是工具一样。如果一篇学术论文除去了公式和对公式的推导，少有或没有思想的震撼与启迪，我们真的很难称其为学术。有些学科研究方法论上的"买椟还珠"，与其说是学者的悲哀，不如说是学术和我们社会的悲哀。

我们的社会到了应该并可以"养"一批纯学者和思想家的时候了。当我们的学者不再需要为了有尊严地生存而疲于奔命时，才有更大的可能为学术而学术地探索着；当我们的学者不再不得不被利益驱使着从事研究时，研究的成果才有可能是科学、客观、公允的；当我们的学者的研究不再依附于或听命于权势时，理性、良知和社会责任感才会从理想变为现实；当我们的学者可以自由地为真理而呐喊时，我们的社会才会真正拥有更多凛凛傲骨的学者，而非视学术为"副产品"的御用文人。学术期刊的社会责任就是以其自身独特的力量，让我们的社会拥有这样的明天。

（2016 年 4 月）

中国应该去除大部分减速板

王今朝[*]

中国许多事业单位和小区内减速板越来越多。我认为应该停止对这种装备的使用。

第一，在通过小区、单位的门禁设施时，许多车辆要停在减速板前。刷卡完毕，汽车的发动机要从 0 速度起步，并克服减速板对车所形成的阻力。这会对车形成一种损害。一个人的车从家中到单位，每天可能要经历 4 次。即使用电子识别，车子也会在减速中经历 4 次颠簸。

第二，每次经过小区和单位的道路上的减速板时，车都要颠一下。就现在的情况看，中国的减速板设置得太多、太密了。在许多小区里，减速板设置过密。这就更有为那些汽车修理厂提供商机的嫌疑了。而如果减速板设置这么密，那当初修公路时为什么还要修那么平呢？有些住宅密集的小区还没有多少人居住，减速板就设置了。如果设置减速板是出于人道主义的考虑，这种先行设置真的是为了居民的安全吗？是否有其他的目的呢？

第三，减速板给人一种感觉，即你被认为是个坏人，不会自动减速，必须被强迫执行。假设减速板是国有事业单位设立的，在国内目前的社会心理状态下，这会有损人们对国有单位的印象。比如，一个司机可能会质疑，这家单位的领导在经过这些减速板时没有感觉吗？这个司机如果认为根本没有必要设置减速板，他就进一步把设置减速板看成单位领导为自己创造一个收取贿赂、中饱私囊的机会。

第四，减速板的质量存在严重的问题。许多减速板在数月时间里就坏掉了。坏掉的减速板有的被较快地换掉，有的则继续躺在那里。在这种质量条

---

* 王今朝，时任武汉大学经济发展研究中心、战略决策研究中心教授。

件下，相关部门怎么会做出使用的决策？换新的不要钱吗？在市场化程度如此之高的中国，这些质量问题把减速板本来或许能产生的一些积极效应也抵消了。

第五，减速板如果由所谓"民营企业"生产，那么，这些企业的利益就是，中国城市道路上设置的减速板越多越好，坏的越多、越快越好。这样，整个国家和人民就为这些私有企业的局部利益服务了。他们没有给中国人创造任何价值，却创造出支出增加、环境污染、时间耗费。即使减速板是由国有企业生产的，也存在一个严重的问题，即国有企业为什么不把力量投入更重要的领域呢？

综合以上方面，我们可以得出减速板应该大量去除的改革建议。即使那些非要保留的，也应该尽力地优化设置。而为了改革的稳妥，可以采取在减速板损坏以后不再更换的办法来逐步去除。

（2016 年 5 月）

新常态下我国自贸区先试先行的建议

詹圣泽　彭海阳[*]

我国自贸区如何进行先试先行，我认为可以从以下三个方面考虑。

第一，积极创新联动机制与路径。一要突破"铁丝网"束缚，实施"一线放开、二线安全高效管住"的综合开放平台。海关监管要从管货物向管企业转变，由申报制向备案制转变，由物理封关向信息围网转变，推进海关"监管互认、执法互助、信息互换"。二要紧抓机遇乘势而上，因地制宜推陈出新。根据产业发展和辐射带动需要，拓展联动形成新兴产业和现代服务业合作示范区、国际航运中心、贸易中心和金融服务中心，自觉担负起先行者和探索者这"敢为天下先"和"冒险家"的责任，实施区内率先突破、区外积极跟进策略。三要创新运行机制，实施差异互补发展战略。通过吸纳相关领导为顾问，提高政府决策权威性，强化重大政策的落实、协调和引导，形成快速便捷的决策通道。四要破解难题，大胆创新运行机制和高效激励机制。要打造创新创业高地，积极推进体制机制创新，营造更加国际化、市场化、法治化的营商新环境，赋予其省市级立法权，实现政府管理经济方式的转变。

第二，珍惜机遇，努力激活自贸区的活力与张力。一要协同突破高端服务，创新投融资管理模式。创新金融监管理念和模式，从事前管理转向事中事后审查，加快实现人民币在岸中心与离岸中心联动发展。二要打造创新创业高地，凸显金融的融合主导作用。利率市朝、货币自由兑换、放松金融业准入以及产品创新等都是金融改革的重点。三要设立产业发展基金，打足自

---

* 詹圣泽，西北大学经济管理学院在职博士，厦门海投集团高级经济师；彭海阳，西北大学经济管理学院在职博士。

贸区发展壮大底气。要发展更多外向型经济，吸引更多海外投资，形成多元化外资组合。积极引入海外财团、海外资金和国内有实力的集团战略投资者。可投入政府土地增值基金，使之成为主导力量。四要创新金融贸管，促进投资便利增值。尽快落实人民币跨境使用、资本项目兑换、利率市场化和外汇管理等改革，促进实体经济的快速发展。五要放权生产许可证审批，实行税收管理"绿名单"化。可根据企业纳税信用情况和诚信水平，实施税收动态管理"绿名单"。

第三，借鉴国内外成功经验模式，千方百计助推自贸区更快更好地起步与发展。一要借鉴新加坡和中国台湾等国家和地区的成功模式，复制上海和海南等地的经验。二要建立总部经济概念区，发展新型贸易业态。应重视培育企业集团，培养高端人才，提高区域竞争力，向国际性发达城市迈进。期货贸易、保税期货贸易、转口贸易和离岸贸易都是自贸区发展的重点。三要统筹自贸区的区域发展，提升自贸区的土地价值。要根据片区规划、产业取向和资源优化配置的要求，突出重点、统筹发展，促进土地供需良性循环。

（2016 年 6 月）

关于进一步深化试验区改革
实践的建议

孙元欣[*]

第一，各项改革试点应聚焦开放型经济总目标。借鉴国际通行规则，以开放倒逼改革，有一个完整的体系。不仅涵盖外资负面清单管理、贸易便利化、金融创新、贸易新模式等，还要关注知识产权保护、环境保护、电子商务、竞争政策、政府采购、政府管理新模式等，促进经济转型升级。各个试验区的改革试点都应聚焦到构建开放型经济新体制的总体目标上，即加快培育国际合作和竞争新优势。

第二，明确各类试验区的功能定位，避免无序竞争。自贸试验区重在"方案试验"，应建立试验区与国际谈判的联动机制，将我国在国际经贸协定谈判中的谈判焦点、难点、争议点问题，如敏感行业市场准入、价值链、电子商务、园区、产业合作等，通过"试验田"进行压力测试，为我国对外经贸谈判提供有力支持。综合改革试点试验区如同"中试阶段"，通过扩大空间范围，进一步验证新制度的实效。从"制度创新"和"功能形成"两维视角看，自贸试验区更偏重前者，而综改试验区更侧重后者。当然，可以根据地方经济特点，开展特色改革。

第三，明确改革试点系统工作框架，避免各行其是。在建设沪粤津闽自贸试验区中，采用"1＋X"的政策框架，这是很好的模式。"1"是指四个试验区统一的试点任务，约占总任务的70%；"X"是指四个试验区的各自特色，如广东自贸试验区探索粤港澳合作发展，天津探索京津冀一体化，福建探索海峡两岸经济合作等。12个综改试验区的任务框架，也可参照这一

＊ 孙元欣，时任上海财经大学教授、博士生导师，上海财经大学自由贸易试验区副院长。

模式。

第四，统筹可复制经验的推广工作，避免重复建设。自贸试验区和综改试验区之间，应该加强沟通，推广可复制经验，避免重复试点和重复建设。譬如，国际贸易"单一窗口"，涉及口岸海关、检验检疫、海事等 10 多个管理部门，形成电子口岸系统软件与服务平台，实现数据共享，投资达数千万元。若不能统筹复制推广工作，各自分散建设，不仅资金巨大，还会降低口岸兼容性和实际运行效率。

第五，优化试验区载体的空间布局。试验区是我国构建开放型经济新体制的空间载体。事实证明，试验区建设有利于调动各地改革的积极性，促进制度创新深入和加强地区适用性。全国有十多个省份积极申报第三批自贸试验区。下一步应该优化空间布局，如增加我国东北地区、增加"一带一路"建设枢纽城市等，使得开放型经济的制度创新实践更加深入，以取得更大实效。

（2016 年 10 月）

改革和完善节假日制度　推动
"一带一路"旅游发展

蔡继明[*]

如何推进"一带一路"各沿线国家的旅游合作发展，我认为关键在于改革、完善节假日制度，落实带薪休假制度。

与西方完善的法定休息日、法定节假日体系相比，我国法定假日天数少、落实差，公众旅游需求通过挪用双休日与法定节假日来满足。而这势必带来两个问题：一方面集中放假导致集中出行，造成交通堵塞、景区人满为患等现象，使得旅游服务质量下降；另一方面频繁挪用双休日，打乱劳动者正常工作、休息节奏。为此，我认为需要从以下几个方面改革和完善节假日制度。

一是除春节外，要减少集中放长假次数，错开放假时间。1982 年 8 月，世界旅游会议通过《阿卡普尔科文件》，提出"应创造实际的和恰当的条件，让那些享有假日的人更有效地享受"，"应该做出实质性努力错开休假时间"。

二是不宜挪用双休日拼凑小长假和长假。对此，可以参照以下两种改革方案：

方案 I

其一，不再挪用双休日拼凑小长假和"黄金周"，而推行长周末，清明、中秋、端午、五一、元旦平均每年可形成 2.3 个长周末。

其二，将原有 11 天法定节假日增加到 13 天，增加 2 天法定假日分

---

* 蔡继明，时任清华大学政治经济学研究中心主任、深圳大学中国经济特区研究中心访问教授。

配给春节，使春节原定 3 天法定节假日延长至 5 天。

其三，十一国庆节仍保留 3 天法定假日，与本周或上周双休日自然形成为期 5 天的中长假。

其四，将五一劳动节改为每年五月第一个周一，这样又形成一个长周末，加上前面的 2.3 个，全年总计 3.3 个长周末。

方案 II

其一，不再挪用任何双休日拼凑小长假和"黄金周"，直接推行长周末。

其二，将原有 11 天法定节假日增加到 13 天，增加 2 天法定假日分配给春节，使春节原定 3 天法定节假日延长至 5 天。

其三，将国庆节 3 天法定节假日减少到 1 天，节省出 2 天法定假日分配给重阳节和元宵节。

其四，清明、中秋、端午、重阳、元宵节、五一、十一、元旦这 8 个为期 1 天的法定节假日每年可形成 4.83 个长周末，占 8 个节假日的 60% 以上。

三是强力推行带薪休假制度。2014 年 7 月 2 日，李克强总理在国务院常务会议上特别指出，要"落实职工带薪休假制度"以带动旅游产业改革发展。

综上所述，通过改革节假日制度，落实带薪休假，一方面有助于传达中国节日所包含的"以和为贵"的精神，另一方面还能推动"一带一路"旅游业的发展。

（2016 年 10 月）

当社会理性面对个人理性时

——对深圳"禁摩限电"的思考

陶一桃[*]

    3 月 21 日，深圳开始史上最严厉的"禁摩限电"集中整治行动，并取得初步成效。然而，随着整治行动的开展，《致深圳：轻点，你的市民疼》《深圳究竟发什么疯》等指责深圳针对弱势群体粗暴执法的文章开始在网络、微信圈疯传。那么，一场为城市和市民好的"禁摩限电"整治行动，缘何让一向以率先改革而著称的深圳陷入舆论旋涡之中呢？

    两年前，深圳大学平静而成功地实现了校园内"禁摩限电"。其做法是：放假前通知同学们，学校新学期将实施"禁摩限电"；学校将协助同学们处理不要的电动车，或免费帮助其寄回老家；校园电动巴士在新学期将全面通行。当然，深圳大学成功"禁摩限电"有其特殊性：大学的主体是学生，遵守校规校纪的约束是既硬性又比较容易操作的；学生使用电摩目的单纯，只是代步工具，没有经济用途。所以，只要供给使用成本低于从前的可替代品，就不会有利权争议和情绪对立。

    尽管如此，深圳大学成功"禁摩限电"也具有启发意义：从经济学角度看，人都是利己的，个人福利最大化之和绝不必然等于社会福利最大化，但政府应保障社会福利最大化；公共政策顺利实施的一个重要前提就是，要把个人的利益损失减到最小，或者有所补偿；为公众提供可行的替代选择，否则在面临无选择或高成本选择时，会激发个人非理性行为。

    具体到深圳"禁摩限电"，我以为，要尊重历史和现状，采取差异化、渐近式的实施方法，可考虑如下情况：在公共交通供给完善的区域和城市具

---

    * 陶一桃，时任深圳大学党委副书记、纪委书记，中国经济特区研究中心主任、教授、博士生导师。

有标志性意义的路段可以完全限行；在公共交通供给短缺的地方，允许其存在；设立原则上限行的区域或路段，可以采取允许错峰固定时段上路的方式限行，如零点至次日六点等；采取经济手段达到限制的目的，比如，采取不同区域或路段收取不同牌照费的价格诱导机制（不同区域牌照可以通过颜色不同加以区分），不鼓励行驶的区域高收费，可以行驶的区域低收费等，这样成本收益原则会自动调整人们的选择行为。

当然，采取上述方式还需同时做好两件事：其一，电摩要与其他机动车一样遵守同样的交通规则，从而杜绝电摩自身灵敏性所有可能带来的行驰中的投机主义行为；其二，完全有可能会派生出倒卖拥有不同行驰权限的电摩车牌照的投机行业和寻租者，这既不足为奇，也不新鲜，但如何通过制度设计不给投机者以机会，则考验政府的智慧与管理能力。

或许，"禁摩限电"只是迈向城市现代化过程中的一个权宜之计。我们应寻找存在于生活中的那个基本价值，那就是，在这样能够较大限度地集中社会资源并合理进行配置的大城市里，让每一个人都拥有同一个梦想，共处同一个世界，并更有尊严地生活。

（2016 年 12 月）

深圳经济稳增长的两大因素及剖析

陶一桃[*]

在全国经济普遍下滑的大局势下，深圳经济却一直保持着稳增长趋势。我认为深圳经济发展从根本上说得益于两大因素：一是构成深圳经济主体和生力军的具有无限活力与创造力的民营企业的力量；二是充分体现产业结构优化优势的新兴战略性产业的贡献。

民营企业是市场经济产生、成长、发展的重要土壤。深圳经济结构这一基本面的形成，完全得益于率先实行改革开放的经济特区的历史地位和先行先试的市场经济的伟大实践。2009年后，深圳就已经成为一个名副其实的民营企业城市。2015年深圳民营经济增加值为7488.61亿元，在广东省排名第一，占深圳当年GDP总量的42.8%，几乎支撑深圳经济的"半壁江山"。民营企业作为市场经济的主体，对地方经济的发展繁荣具有重要作用。首先，实现个人理想决定了企业家的选择行为，而作为市场经济灵魂的企业家精神也正是在每一位企业家实现梦想的奋斗历程中培养并喷薄而出的。如果说在传统体制约束下，敢闯的勇气与精神对社会的发展前进是至关重要的，那么在市场经济体制日臻完善的今天，保持社会永久创新活力与增长动力的则是把获取效益最大化看作生命的企业家和企业家精神！这种物质世界与精神世界的完美统一，正是熊彼特所说的源自社会机体内的推动社会进步的生生不息的创造力——创新精神。其次，民营企业家可谓市场经济中的"经济人"，而"经济人"的理性则是民营企业家与生俱来的品质。他们既会准确地踏着市场经济的鼓点前行，又可以不失时机地把握住包括政策机会在内的任何机会。甚至不需要更多的扶持，在宽松自由的成长环境下，企业家特有的嗅觉

---

* 陶一桃，时任深圳大学党委副书记、纪委书记，中国经济特区研究中心主任、教授、博士生导师。

就会引导企业去创造奇迹。正是如此，深圳才有华为的任正非、中兴的侯为贵、腾讯的马化腾。

新兴战略性产业已经成为深圳经济增长的支柱。自20世纪90年代中后期开始，发展高科技产业已经成为深圳产业选择的方向，这一正确的决策使深圳至今仍然在收获着创新驱动的利益，并在领先完成产业结构调整优化中保持着稳增长的势态。2016年上半年深圳经济增长数据显示，七大战略性新兴产业增加值增长13%，是GDP增速的1.5倍。而2015年七大战略性新兴产业对深圳GDP的贡献率达40%以上，这个贡献率与同年民营企业对深圳GDP的贡献率（42.8%）非常接近。这不仅说明了战略性新兴产业对增长的贡献，同时更加证明了民营企业和由民营企业主导的战略性新兴产业是深圳经济的坚实支柱（据估计，深圳战略性新兴产业90%以上是民营企业）。

当然，维护市场竞争秩序，完善、优化公共服务，降低企业和人才的发展成本，增加社会研发的公共投入等也是政府应该做的事。当深圳失去对民营企业的吸引力时，当深圳不再成为创业者们思想自由飞翔的乐土时，深圳也就会丧失自身发展的内在原动力。因此，深圳未来持续发展、繁荣的关键就在于我们的社会如何"呵护土壤"和"强壮翅膀"，让发展更自由，让制度更完善，让社会更包容。

（2016年12月）

国际化程度决定深圳发展高度

陶一桃*

深圳是一座因改革而起，因改革而兴，因改革而富，因改革而盛的城市。开放使它走向世界，并融入国际经济之中。但就目前而言，深圳国际化的脚步并未追赶上开放的步伐，而建立完善的国际人才引进制度法规，是这座一直视创新为生命力的年轻城市未来发展的关键所在。

首先，深圳可以充分利用特区立法权，在全国率先建立更加科学、务实、完善的知识型外籍人才引进机制和技术移民制度体系，让国际人才真正成为促进经济增长和社会创新的要素，而不是摆在纸面上的政绩指标。

其次，随着深圳经济结构的改变，政府应该富有远见地制度化优化劳动力结构，通过不断改变生产要素的结构偏好来支撑、保持产业结构遵循要素禀赋原则进行最佳选择。"孔雀计划"是深圳吸引海内外人才的卓有成效的计划，但是其直接引进人才国际化程度偏低，是深圳在人才引进方面的一项不足。这并不是说，只有外籍人才才是优秀的，而是在表达这样一个思想：一座国际化的城市，应该让全球的人才带来全球的观念，这样"建成现代化国际化创新型城市"的目标才有现实的根基。

再次，深圳对国外人才的引进应该多层次化，同时还要逐步从政策性引进走向政策引导下的市场行为，说到底，对人才需求的主体是企业而不是指标统计数据。一座城市的发展及国际化，不仅需要领军人才，而且更需要一般性的专业技术创新型人才。从专业执业人的国际化程度来看，深圳拥有国际金融、风险控制、律师和注册会计师资质的人员数量，尤其是外籍人员的数量，都明显低于北京和上海。在这方面，香港推行的吸纳不同类别人才的

---

* 陶一桃，时任深圳大学党委副书记、纪委书记，中国经济特区研究中心主任、教授、博士生导师。

四项计划值得我们借鉴。

最后，政府既要出台有利于国际人才来深创业、就业的优惠政策，更要为国际人才提供符合国际惯例的制度环境和某些方面一视同仁的"国民待遇"。良好的制度文化环境会减少国外人才的有形成本和无形成本，从而增加选择的幸福感，有利于国外人才的引进；反之则不同。同时，制度安排越符合国际惯例，不同文化、价值的认同障碍就会越小。通常人们更愿意在熟悉并有预期的制度框架内进行抉择，因为这对于一个到陌生国家或地区工作、生活的人来说风险最小。在这方面，新加坡为我们提供了可借鉴的制度安排。

（2017 年 3 月）

不宜再把群众拥上改革
"主角"的高位

祁亚辉[*]

在智库学者的讨论中，不时会听到把群众当作改革主角的见解。似乎不如此，便不足以彰显改革的重要性和紧迫性。我认为把群众推上改革"主角"的高位，无论从逻辑上看还是在改革实践中都存在理论错误和政策误导。因为，"群众改革主角论"混淆了改革的任务目标和改革责任主体的区别，影响了对"为谁改"和"谁来改"问题的正确认识，实则不利于更好地凝聚深化改革的社会共识，营造浓厚的改革氛围。

所谓"主角"，一般理解为做某件事的主要角色或在做某件事的过程中起主要作用的人。唱戏的主角是台上的表演者，剧情在主角的表演中跌宕起伏，从而刻画人物和延续故事。因此，主角是有任务、有担当、有责任的，是提供服务和保障的。

改革的目标任务是革除那些阻碍经济社会发展的体制机制弊端。活动于那些不合理体制机制当中的不是群众，而是各级职能部门及其决策者和执行者，群众则是那些体制机制不当运行或迟迟不能改革到位的受害者。因此，推动改革的主角，一定不是群众，而是各级职能部门及其决策者和执行者。群众应当成为改革的受益者，从一定意义上讲群众也是改革的监督者。坚持群众在改革中的这一定位和属性，彰显了改革的重要意义和终极目标，也印证了各级党员干部践行"为人民服务"宗旨的意义所在。

改革中遭遇各种阻力似乎带有必然性，阻力主要来自那些受益于不合理体制机制的利益集团。应当说，群众并不是这些利益集团中的一分子，而是改革的拥护者和期待者。

---

* 祁亚辉，时任海南省社会科学院副院长。

　　"群众改革主角论"存在为改革的迟滞、不到位，为一些职能部门及其决策者和执行者在改革中的不当作为开脱责任的逻辑导向；存在淡化改革紧迫性、割裂改革共识、转移改革关注压力的逻辑导向。因此，有必要改变把群众拥上改革"主角"高位的观点。

（2017 年 5 月）

公务员"唯上"意识存在
影响政府执行力

詹圣泽[*]

公务员"唯上"意识的存在，会使上下级对某一职级公务员的能力素质评价存在差异，造成上下级标准不一，不同层级对同一职级的期望存在差异，产生角色冲突，进而影响工作，影响政府的执行力。同时，这种"唯上"意识造成的认知差异，会错误地将能力素质指标体系的衡量结果与真实的能力素质等同起来，忽视了指标体系认知差异带来的偏误。

一是能力素质标准不等于能力素质要求。相同的能力素质指标体系，上级与下级的认知存在较大差异，这反映出能力素质标准与真实的能力素质要求存在差异。由于"唯上"意识的存在，上级会根据自己的偏好或主观认知对下级进行能力素质评价，而这往往与上级实际的能力素质存在偏差，特别是与下级对上级能力素质的评价产生差异。

二是构筑能力素质指标体系时应多方考量、综合分析，将上下级对该职级能力素质的需求作为制定能力素质标准的重要依据。某一职级在行政系统内部的职能是编制指标体系的基础，应充分考虑上下级的认识，特别是注重对下级认知的关注，这样可以减少认知差异造成的上级与下级之间的角色冲突，提高职级的权威性，促进公务员序列的和谐有序。

三是"唯上"意识出现的前提是：上级对下级的去留、升迁等起到关键的作用，这事实上反映出我国公务员评价和选拔机制中人为因素的存在。"唯上"意识的出现削弱了任职标准的作用，因此，消除"唯上"意识，能够起到优选人才、科学评价人才的作用。

---

* 詹圣泽，西北大学经济管理学院在职博士，厦门海投集团高级经济师。

　　因此，建议不断完善我国的公务员任用和选拔制度，推动制度的科学化和规范化，降低人为因素对人才选拔和任命的影响。同时，建议提升下级对上级的民主考核和评价在官员任命和选拔中的重要性。

（2017 年 6 月）

力促业态和模式转型，强化深圳
信息服务业发展领先优势

袁易明[*]

全球信息产业正经历着从技术到产业组织、经营管理、商业模式、运行体制、发展方式的全方位变革，产生了越来越多的业务种类和服务类型。面对新形势，深圳信息服务业发展需要在现有优势的基础上抢占产业发展先机，优化产业生态系统，大幅度增强产业综合集成能力，打造新的市场竞争优势。

第一，调整发展目标。目前深圳已经具备成为"信息技术和服务发展与创新非常活跃前沿地区"的基础能力。因此，深圳信息服务业发展目标应该做如下调整。

一是信息服务区域联盟中心。通过信息服务资源实体之间的信息资源互补，服务实体协同资源与功能，组成敏捷生态的信息服务区域联盟，完成单个信息服务提供商无法提供的多领域多用户多层次的服务，形成数据中心、应用服务集成、需求变化管理、安全结构、服务标准、IT 管理等方面的功能协同。以区域内多行业、多领域、跨领域形成信息服务区域联盟为载体，将优质核心 IT 要素资源集聚深圳，形成信息服务产业联盟中心。

二是总部运营管理中心。进一步吸引国内外大型信息服务企业（云计算、移动电子商务、移动互联网、物联网等）在深圳设立产业总部和中心，形成产业链高端研究、营销网络、数据中心分析及管理、产业链协同管理等关键环节集聚中心，构建以深圳为总部的信息服务业运营管理中心。

三是产业技术和理念创新中心。鼓励在产业技术的关键领域和关键环节

---

* 袁易明，时任深圳大学中国经济特区研究中心副主任、教授、博士生导师。

进行原始创新及集成创新，打造创新创业的文化环境，支持企业、机构、联盟等实体以不同的组合方式进行自主创新，倡导以开放胸怀、多学科交叉交流，实现拓扑式创新理念发散，使深圳成为产业技术理念创新中心。

四是时尚信息服务中心。以优美的产品设计、丰富多彩的信息服务内容，以城市品牌为核心涌现的信息品牌和流行信息消费的发布平台为基础，将深圳打造成为信息服务消费流行趋势的倡导区，时尚信息服务中心。

第二，发展重点领域。基于深圳产业优势和发展因素，信息服务业应重点布局在以下领域：信息技术增值服务业（包括数据处理服务、软件运营服务、专业管理服务平台、电子商务管理、新媒体平台、在线教育平台、数字内容加工整理等）、新一代信息技术服务业（包括下一代通信网络、物联网、三网深度融合和以云计算为代表的高端软件技术服务）、产业链集成和支持服务业。

第三，解决主要问题。促进深圳信息服务业的深化发展，重点需要解决两个问题。

一个是创新网络化不足问题。目前，大部分的前沿技术都被跨国大型公司掌握，信息技术增值服务主要是进行集成创新或对已有创新技术的应用，深圳信息技术服务业缺乏网络化创新。

另一个是产业链集成不足问题。目前深圳信息技术服务产业尚处于基础阶段，产业链跨区域延伸不足，也就是产业链集成能力依然不强。目前IBM、Amazon、苹果、微软等企业在全球进行产业链战略布局与资源整合，牢牢掌控核心技术前沿。深圳部分企业，以腾讯、华为为代表，也走在了世界前沿，但是在产业链整合集成实力上与世界巨头企业比较，依然存在差距。因此，一方面需支持企业形成自主创新能力，另一方面要支持企业加快形成强大的产业链集成能力。

此外，对下一代检索服务业、数字内容终端产业及开放社会化网络服务，应给予足够的重视和政策支持。

（2017 年 6 月）

推动深哈对口合作发展的几点建议

李胜兰[*]

在 2017 年 3 月由国务院办公厅发布的《东北地区与东部地区对口合作工作方案》中，明确提出对口合作区域应"协同推进'一带一路'建设，支持东部地区和东北地区共同推进中蒙俄经济走廊建设，推动共建港口、铁路、公路等重大基础设施，联合开展面向东北亚的开放合作，共同开拓周边市场，共建对外开放平台……支持东北地区与长江经济带、珠三角地区加强经贸投资合作"。为贯彻这一方针，结合深哈两地经济发展状况，提出以下几点建议。

第一，哈尔滨市和东北地区。开放度低、开放进程滞后是东北振兴需要突破的一个"短板"。哈尔滨市与深圳市的对口合作战略，为东北地区核心城市哈尔滨市提供了一个突破短板的契机。因此，哈尔滨市和东北地区除了参与"中俄蒙"东北大通道建设之外，还应做到以下几点：①积极吸取深圳市作为中国改革开放龙头城市的先进政治、社会和经济等方面的经验，并利用深圳的对外开放优势，发展新的产业增长点；②通过吸收人才和资本，学习深圳市发展创新经济的经验，打造能够走出去的产业品牌，实现老工业基地的产业转型和经济复兴；③深入学习深圳市在发展开放型经济过程中建设服务型政府的先进经验，积极实行行政管理体制改革，在发展新的税收增长点的同时，提高公共服务水平。

第二，深圳市和广东地区。深圳历史上就是"海上丝绸之路"的一个重要节点，经过数十年的改革开放和发展，深圳与世界各国、各地区的经济、文化、人才联系越来越紧密，成为亚太地区重要的交通枢纽。作为中国改革

---

* 李胜兰，时任中山大学广东决策研究院副院长、教授。

浪潮中最早对外开放的门户，深圳始终通过大力实施"走出去"战略，为中国的改革开放，为中国融入世界经济探路。但是，中国市场未来仍面临巨大的不确定性。从目前的进出口贸易来看，深圳的出口量有所下降，这意味着眼中国内需市场的开拓，是深圳谋求进一步发展的新方向。哈尔滨市以及东北地区是中国的老工业基地，在经济转型的过程中具有巨大的市场潜力。因此，深圳市加强与哈尔滨市的对口合作，一方面应着眼于开发东北地区的巨大潜在市场，另一方面又应利用其作为"东北大通道"核心枢纽城市的位置，积极融入丝绸之路经济带，对接21世纪海上丝绸之路，不断寻找和开拓新的市场，谋求对外开放的新格局。

第三，作为改革开放龙头城市的深圳与作为东北老工业基地的哈尔滨市，合作双方还应从互利共赢的角度出发，积极在宏观层面上谋求国家政策的优惠和支持，增强深哈对口合作模式在全国区域协调发展过程中的示范和带头作用，加大影响力，为中国区域协调发展的道路披荆斩棘，扫除障碍。

（2017 年 10 月）

以"一带一路"为契机，促进
深哈交流合作

高尚全*

在"一带一路"的大背景下，深圳和哈尔滨的合作，为打破东北经济发展的困境、深化黑龙江乃至东北的体制机制变革提供了难得的历史契机。深圳作为我国最早的改革特区，思想解放、体制灵活，不仅仅在传统产业兴旺的年代取得了举世瞩目的经济发展成就，在当前新旧业态交替、产业升级换代、互联网日新月异的时代，又凭借创新创业走在了全国的前列。深圳的成功，固然得益于与港澳的联系和改革之初的政策便利，但更为重要的是，深圳思想意识形态的解放带来的体制机制的灵活、公共服务的便利和对创新创业的支持。深圳良好的创新创业氛围已经形成了良性循环，创新人才、前沿产业和金融资源大规模集聚。当然，深圳的持续健康发展也受到土地等资源的约束，深圳要向世界级的经济中心靠拢，也不能仅仅南向发展，必须立足国内和"一带一路"中更广阔的天地。深圳与哈尔滨有着非常大的合作共赢空间。我认为，在以下几个方面，深哈合作能够取得很好的效果。

第一，双方政府部门可以在行政管理和公共服务领域开展交流和合作。客观来说，东北振兴之所以长期事倍功半，与当地的投资软环境比较差息息相关，其中的关键是各级政府部门在行政管理和提供公共服务上的低效乃至负面作用大于正面作用。而在投资软环境建设方面，深圳是走在全国前列的。双方在行政管理和公共服务领域开展交流和合作能够有效提升本地行政管理和公共服务效能。这样就能够使深圳来本地投资的企业家不会感受到投资软环境的差异，实现制度创新的顺利推广。

---

* 高尚全，国家体改委原副主任、中国体改研究会原会长。

第二，双方可以在产业和产能衔接上开展合作。哈尔滨和深圳有着各自的优势和发展条件限制。哈尔滨具有广阔的发展空间和得天独厚的资源条件，但需要更多的产业尤其是高精尖产业的注入，而深圳的发展则面临着空间和资源的限制，双方可以选择合适的产业进行深层次的合作，发挥各自的优势，促进实体企业的跨地域发展。与此同时，深圳也可以通过哈尔滨这一中俄交流的重要通道和媒介，将更多的俄罗斯高精尖技术引入深圳的产业体系当中，这可能会取得意想不到的效果。

第三，在产业合作的基础上，双方可以在金融领域开展广泛的合作。由于创新创业的繁荣，深圳的金融服务行业非常全面且有效，直接融资和间接融资渠道都很畅通、服务方式也多种多样。同时深圳多年的发展也积累了大量的社会资本。深哈合作能够为这些社会资本找到更多的投资路径，也能够为哈尔滨以及黑龙江省的发展，为"黑龙江陆海丝绸之路经济带"提供有效的资金支持。为打破"投资不过山海关"的局面，双方政府可参照国际合作中的方式，签订投资保护协议，解决投资者的后顾之忧，促进深哈从实体到金融的深入合作。

第四，双方可以在文化旅游领域开展广泛的合作。深圳和哈尔滨一南一北，不仅气候迥异，风土人情也完全不同。这种差异造成的好奇和体验期待，是文化旅游业发展的基础。两地的文化旅游行业都会从合作中获益。

（2017 年 11 月）

推进经济特区范式"走出去",创造"一带一路"国家间合作的四个效应

袁易明[*]

经济制度试验和发展路径实践是中国经济特区的特有任务。出色完成任务不仅创造了经济特区发展成就,为走出有效经济体制供给严重不足的困境探寻出方案,发挥对其他地区的制度外溢与路径辐射作用,同时也产生了对世界上落后经济体具有重要借鉴价值的一般性发展范式,即开放发展范式。借鉴中国经济特区的开放发展范式,能够在"一带一路"国家间产生市场空间效应、优势互补效应、贸易数量效应和制度学习效应,通过这四个效应实现"一带一路"上的分享式共同发展目的。

其一,市场空间效应:在"一带一路"国家间形成巨大的市场空间。"一带一路"涵盖中亚、南亚、西亚、东南亚和中东欧地区,涉及60多个国家,44亿人口,占全球人口的63%,经济总量约21万亿美元,占全球经济总量的29%。"一带一路"沿线的一些小经济体,经济起飞受制于国内市场规模又受到有效需求小的约束,如巴基斯坦、马来西亚、泰国、菲律宾、越南等国,通过彼此开放,这些国家可以在"一带一路"上获得所需市场。

其二,优势互补效应:在"一带一路"上形成经济发展的优势共享,避免各自发展的"比较劣势"。"一带一路"沿线国家资源优势各异,有的有着丰富的自然资源,比如矿产资源约1400种。煤、铝、铜、银、汞、镍、铬、钛、铀、石棉、重晶石、磷灰石等的储量名列世界前茅。铁、钨、锑、锌、钼、钒、钛、稀土、云母等的储量居世界第一。有的地区有着丰富的水利资源、农业资源、森林资源、渔业资源和旅游资源等,被称为21世纪的资源基

---

* 袁易明,时任深圳大学中国经济特区研究中心副主任、教授、博士生导师。

地。而有的国家能源优势突出，"一带一路"沿线国家有着丰富的石油和天然气，特别是中东和中亚地区，被称为"世界油库"和"石油海洋"。目前，全球已探明的石油储量约1800多亿吨，其中，中东地区的石油储量约1190亿吨，约占世界石油储量的65%，海湾国家的沙特、伊朗、伊拉克、阿联酋和科威特的石油储量分别居世界前五位。同时，"一带一路"沿线国家天然气储量也相当丰富，约占世界已探明天然气储量的80%。借鉴中国经济特区开放发展范式，使"一带一路"上的国家能够走出资源丰裕型经济体的"发展诅咒"困境，将资源潜力转换成经济起飞的推进动力。

其三，贸易数量效应：国家间相互开放，促进商品市场一体化，形成巨大的商品供求空间，以大幅度增加"一带一路"国家间的商品贸易数量。数据表明"一带一路"倡议已经产生了国家间贸易数量的加速增长效应，通过市场开放与贸易数量间存在的因果关系，克服"一带一路"沿线经济发展相对落后国家的市场不足问题。

其四，制度学习效应：国家间的发展道路与制度互鉴。就经济体制而言，"一带一路"沿线的经济体有突出特征，即发展道路已经形成并具有良好市场制度经济体；资源丰富但发展路径尚不明确的经济体和经济制度由传统体制向新体制转型的制度转轨国家；资源丰富但发展路径依然在探索中的经济体，如巴基斯坦、柬埔寨、越南等；我国特区发展范式可以成为"一带一路"上这些经济体学习借鉴的成功典范。

（2017年11月）

宜强调"以担当诠释忠诚",
慎提"容错免责"

黄卫平*

近来,我国不少地方政府为了积极推动改革创新,调动广大干部干事创业的积极性,破解在国家雷霆反腐、高压执纪的新常态下一些官员的"不作为"难题,纷纷推出"容错免责"相关制度。这从主观动机而言,也许是正面的,但从客观效果来说,则并无实际意义。首先从理论与逻辑分析来看,我国实行的党内监督和问责体制是以自上而下的逐级监督问责为特征的,是否"容错免责"的权限在上级党组织,各级官员并无自我"依法容错免责"的可行性。其次从改革开放的历史经验事实而言,大量案例表明,各级决策层在推进改革中出现的重大"失误",其领导人都毫无疑问地被追究了"政治责任"、"行政责任"乃至"刑事责任"。如改革开放初期著名的"20世纪80年代初广东走私和'投机倒把'现象""1984年海南汽车事件""1985年晋江假药案"等,都是因为地方改革决策者缺乏经验、操之过急或管控失当,以及片面理解中央精神。最后从当下"全面从严治党"的战略全局而论,党中央正在深化国家监察体制改革,"推动党内监督和国家监察全覆盖",党内监督要"在强化日常监督执纪下功夫,抓早抓小,动辄则咎"[1],因此,如何实现"两个尊重"和做好"三个区分"[2],是上级党组织,直至党中央才可能把握的,"容错免责"不可能成为规范性的体制机制,至多属

---

* 黄卫平,时任深圳大学城市治理研究院教授。

[1] 《中国共产党第十八届中央纪律检查委员会第七次全体会议公报》。

[2] 参见中共广东省委2016年12月18日印发的《广东省党的问责工作实施办法》,所谓"两个尊重"指"尊重历史"和"尊重实情";所谓"三个区分"指"区分因缺乏经验、先行先试出现的失误与明知故犯的违纪违法行为"、"区分国家没有明确规定时探索性试验与国家明令禁止后有法不依,我行我素的行为"和"区分加快发展的无意过失与为谋私利故意违纪违法的行为"。

于精神激励性政策导向，其尺度与标准是上级党组织的"自由裁量权"，严格意义上只有党中央才可能给勇于担当者担当，为敢于负责者负责。

这也正是为什么以习近平同志为核心的党中央选拔干部时，不仅要求其"忠诚""干净"，而且还必须对党的事业有"担当"①，能为推进改革开放义无反顾。就这个意义而言，改革者的勇气比智慧更重要，因为"改革的红利"是与"改革的风险"成正相关的。② 如果改革是毫无风险而又受到体制高度激励的事业，那早就不知有多少官员高歌猛进了，何至于党中央既要积极呼吁，又要谨慎从事，唯恐犯"颠覆性"错误。而处于我国改革前沿的广大地方干部，只有从党和国家前途命运的大局出发，勇于改革，大胆创新，积极探险，"用担当诠释忠诚"③，所谓"苟利国家生死以，岂因祸福避趋之"，才能真正不辜负党中央设置各类改革先行先试地区的期待。习近平同志明确指出："衡量一名共产党员、一名领导干部是否具有共产主义远大理想，是有客观标准的，那就是要看他能否坚持全心全意为人民服务的根本宗旨，能否吃苦在前、享乐在后，能否勤奋工作、廉洁奉公，能否为理想而奋不顾身去拼搏、去奋斗、去献出自己的全部精力乃至生命。"④

（2017 年 12 月）

---

① 习近平：《重用忠诚干净担当的干部》，2016 年 6 月 28 日。
② 黄卫平：《论中央授权下的改革局部先行模式》，《学术前沿》2014 年第 4 期。
③ 《中国共产党第十八届中央纪律检查委员会第七次全体会议公报》。
④ 习近平：《在新进中央委员会的委员、候补委员学习贯彻党的十八大精神研讨班开班式上的讲话》。

后　记

　　这部《中国经济特区研究中心政策建议集（1996～2017）》的出版是对中国改革开放40年的献礼，是对教育部人文科学重点基地——深圳大学中国经济特区研究中心咨政研究的总结，是对它的创办者的纪念。同时，正如它的创办者所言，《建议活页》的"真正质量还是应由历史来验证"。我们热切期待读者给予真诚建议与批评。思想的生命力既源于对现实的解释力与改造力，又源于对未来的预见能力。22年过去了，已经有可能开始智慧与智慧的对话，思想对思想的评价了。我们相信，能够提升思想的力量一定是思想本身。

　　在这里要感谢《建议活页》的编辑雍炜博士。2013年5月，她欣然接受了这个承载着历史与使命的任务，并以自己的努力精心守护着这份责任。她是一个做事极其认真严谨的人。她的一丝不苟，她的踏实付出和可贵的专业精神，不仅使《建议活页》不负众人所望地传承着原有的风格与品质，同时又在运行机制方面得到了更加有效的完善。

　　还要感谢我们的老朋友，也是《建议活页》创办者苏东斌教授的老朋友，社会科学文献出版社的总编辑周丽女士。周丽总编辑对这部文集的出版提出了很好的建议与想法，给了我们很多有益的启发。我们知道这既是一位出版界资深专家的责任与使命，也饱含着同我们一样的对创办者的敬意与缅怀。

　　最后，感谢深圳大学经济学院统计学硕士研究生许家宜同学为文集的出版所做的基础性文字工作。我相信文集整理的过程，对家宜同学来说不啻一门丰富而生动的课程，还将会对她今后的学习与研究产生一定的影响。

　　马克思在《关于费尔巴哈的提纲》中谈到黑格尔和费尔巴哈"理论态

度"决定解释世界态度时说："哲学家们只是用不同的方式解释世界，问题在于改变世界。"列宁在《怎么办》一书中说"没有革命的理论，就不会有革命的行动"。或许在深化改革的今天，《建议活页》的意义更在于"改变世界"，从而能够对"革命行动"（深化改革）产生一点点影响。

陶一桃

2018 年 2 月 8 日于桑泰丹华府

图书在版编目（CIP）数据

中国经济特区研究中心政策建议集：1996 – 2017 / 陶一桃主编. – – 北京：社会科学文献出版社，2018.5
ISBN 978 – 7 – 5201 – 2568 – 0

Ⅰ.①中…　Ⅱ.①陶…　Ⅲ.①经济特区 – 经济发展 – 中国 – 文集 – 1996 – 2017　Ⅳ.①F127.9 – 53

中国版本图书馆 CIP 数据核字（2018）第 074268 号

中国经济特区研究中心政策建议集（1996~2017）

主　　编／陶一桃
执行主编／雍　炜

出 版 人／谢寿光
项目统筹／周　丽　高　雁
责任编辑／颜林柯　刘　翠

出　　版／社会科学文献出版社·经济与管理分社（010）59367226
　　　　　地址：北京市北三环中路甲 29 号院华龙大厦　邮编：100029
　　　　　网址：www. ssap. com. cn
发　　行／市场营销中心（010）59367081　59367018
印　　装／北京中石油彩色印刷有限责任公司

规　　格／开本：787mm × 1092mm　1/16
　　　　　印张：21.75　字数：363 千字
版　　次／2018 年 5 月第 1 版　2018 年 5 月第 1 次印刷
书　　号／ISBN 978 – 7 – 5201 – 2568 – 0
定　　价／128.00 元

本书如有印装质量问题，请与读者服务中心（010 – 59367028）联系